母の壁

子育てを追いつめる重荷の正体

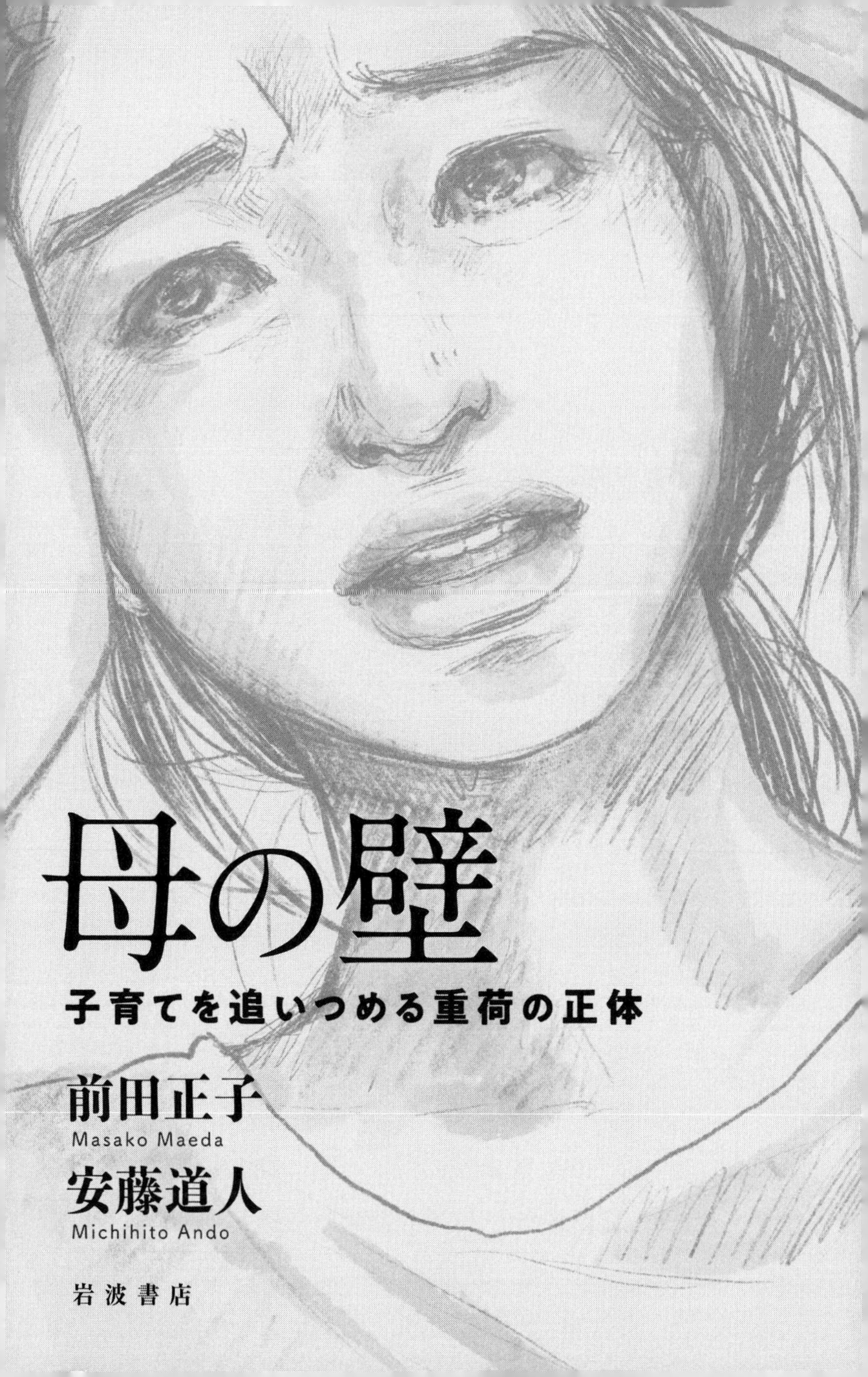

母の壁

子育てを追いつめる重荷の正体

前田正子
Masako Maeda
安藤道人
Michihito Ando

岩波書店

はじめに　母親たちの肉声

二〇二三年四月、こども家庭庁が発足した。ようやく子育て支援政策が重要な政策課題として取り上げられるようになった。岸田内閣は異次元の少子化対策をするといい、男性の育児休業取得率の向上や、非正規やフリーランスの人がより子育て支援策を利用しやすくなる制度の導入、年収の壁の見直しなど、いよいよ議論が始まるようだ。だがそこに、母親たちの声は届くだろうか。

本書で取り上げているのは、二〇一七年に、著者らがある自治体(A市)で実施したアンケート調査の結果である。この年は、二〇〇〇年代に入って最も待機児童の多い年であった。対象となったのは二〇一七年四月にA市の認可保育園への入所を目指して入所申請した、二二〇三の全世帯である。A市では入所申し込み者の三割強が入所できていなかった。

調査では、保育園に入れたかどうかで、その後、母親や世帯にどのような影響が出るのかを見ようとした。そしてアンケート用紙の最後のページに、以下のような説明文で自由記述欄を設けた。

子育てや保育、仕事と子育ての両立や家庭内での家事や育児の分担など、「こうなったらよい」

「こうして欲しい」というご意見やご提案がございましたら、ご自由にお書きください。

調査に回答したのは一三二四世帯で、回収率は六〇％である。さらに回答者のほぼ半数の六五一世帯が、自由記述欄に何らかの書き込みをしていた。そのほとんどが母親によるものであり、Ａ４用紙いっぱいに手書きで書き込まれ、回答欄をはみ出た長文も少なくなかった。そこには、保育園や家庭や仕事についての、さまざまな母親の生きづらさや苦悩が綴られていた。一方で、まるで示し合わせたかのように、同じような内容や体験を記した文章もたくさんあった。

その声を読んで、「これは私のことだ」と著者の一人（前田）は思った。保育園への入所不承諾通知書が来て、吐きそうになるほど気分が悪くなったこと、認可外保育園もどこも一杯で、何カ所も訪ねて回ったときの記憶、保育園のお迎えのために会議の途中で帰るときの肩身の狭さ、朝、保育園に行く前に子どもに熱があるのに気づき途方に暮れたことなど、まざまざと思い出したのである。

同時に怒りも覚えた。自身の体験は二〇年以上も前のことで、もはや子どもも成人し、次の世代が親になる時期も近づいてきたというのに、いまだに問題は解決されず、同じような壁にぶつかり悩む母親が大勢いることを見せつけられたからだ。しかも自由記述からは母親の孤独も窺えた。周りに相談できる人や愚痴を聞いてくれる人がいれば、アンケートなどに書かないだろう。行き場のない悩みや怒りを誰に訴えればよいかもわからず、その思いを手書きで書き込んでくれたのだ。

著者らは、この母親たちの声を世に出したいと思った。母親たちの抱える悩みやつらさ、望みの全体像を示すことにより、少しでも母親の置かれた状況への社会の理解が深まり、母親を取り巻く環境の改善が進むのではないかと考えたからだ。それが本書である。

著者らは、母親たちの生きづらさの背景にある社会的障壁を母親たちの「壁」と名付け、さらに「保育の壁」「家庭の壁」「職場の壁」の三つに分けた。そして、それぞれの「壁」について、母親たちの声を引用しながら、できるだけありのままに描き出すことを試みた。

「三つの壁」という本書の視点は、自由記述を読み込む中で見出したものであり、あらかじめ用意したストーリーに沿う自由記述を恣意的に選択したわけではない。繰り返し自由記述に当たることで、母親の悩みや不満が保育園や子育て政策、家庭内の家事育児、職場についてのものに分けられることに気づいた。さらに、何人もの母親が同様に指摘していることを論点としてまとめてみた。

もちろん、本書に登場する母親の声が、すべての母親の実情や考え方を反映しているわけではない。ただ、日本の共働き世帯、保育園への入所を希望した母親の実像を示すものとして、本書の内容にはそれなりの一般性があると考えている。

本書は六章構成である。第1章では、何が母を悩ませているのか、「三つの壁」について説明する。第2章では本書で用いたアンケート調査の背景や結果を紹介している。第3章から第5章までは、「保育の壁」「家庭の壁」「職場の壁」を順番に取り上げ、母親たちの自由記述を多く掲載した。

さらに、第6章ではコロナ禍における母親の「三つの壁」について、二〇二二年三月に実施した保育園の利用者アンケートで得られた母親の声を取り上げ、考察した。待機児童問題は改善されたものの、二〇二二年時点においても母親の生きづらさや「壁」は大きく変わっておらず、コロナ禍によってそれが強化されている側面も明らかになった。

本書で取り上げた母親の声は、あなたのものでもあり、あなたの隣にいる母親のものでもある。みな同じ悩みを抱えながら、子どもを育て家事を担い、働きながら毎日を生きている。ぜひ母親たちの生の声に触れていただきたい。

日本社会では母親たちが声をあげる機会も、その声が真剣に掬い取られる機会もまだ少ない。社会や政治が母親たちの声に耳を傾け、その悩みを理解しようとし、母親になることをより喜べる社会の実現に向けて努力することを願っている。

本書がそのささやかな一助になれば幸いである。


なお、本書の内容の一部は、以下の既出論文に基づいている。
- 安藤道人・前田正子(二〇二〇)「認可保育所入所と就労・抑うつ・家事育児分担：入所・保留世帯に対するアンケート調査結果」『社会保障研究』第五巻第二号
- 安藤道人・前田正子(二〇二〇)「どのような世帯が認可保育所に入所できたのか：入所・保留世帯に対するアンケート調査結果」『社会保障研究』第五巻第三号
- 前田正子・安藤道人(二〇二一)「保育園・家事育児分担・ワークライフバランスをめぐる母親の苦悩：保育所入所申請世帯調査の自由記述から」『立教経済学研究』第七五巻第一号

目次

カバー・扉 装画 鳥飼 茜

第1章

母を追いつめる三つの壁

コロナが炙り出した日本の母の生きづらさ

母親にとって子育てとは何か。

子育ては楽しみでもあるが、時に重荷でもある。子どもは愛おしくかわいいが、たまには離れる時間がほしい。子どもの成長は喜びであるが、子どもが大きくなって離れていくのは寂しい――。子育ては、コインの表と裏のように喜びや楽しみだけでなく、心配や負担感を母たちに与える。なぜなら、日本社会において子育てはひとえに母親の責任であり、義務だからだ。

二〇二〇年に新型コロナウイルスが広がり、社会は一変したが、近年でこれほど子育ての負担が母親一人にのしかかったことがあっただろうか。学校は休校になり、働く母親たちは仕事に行けなくなった。専業主婦の母親たちも、子どもを外に出せず、人と会うこともできず、孤独の中で育児に向きあわざるを得なかった。第六波の最中には、子どもたちに感染が広がり、母親たちは保育園や小学校の突然の休校に振り回された。子どもの病気や職場への気兼ね、失う仕事、減る収入、逃れられない重い家事の負担――。

しかし実は、多くの母親たちは、これまでもずっとこうした状況に置かれていたのだ。

総務省統計局の「平成二八年社会生活基本調査」から、六歳未満の子を持つ世帯の夫婦が一日に家事育児関連に費やす時間（週全体平均＝平日の月曜日から週末の土日までの七日間の家事・育児時間の各曜日の平均時間を足し合わせ、七で割ったもの)を見ると、(1) 妻が専業主婦の場合、夫が家事や育児に費やす時間は一日に一時間一五分。共働きでも一時間二四分と、約一〇分しか増えない。一方、妻が家事や育児に費やす時間は、専業主婦が九時間二五分、働いている妻は六時間一〇分である。圧倒的に妻に家事育児の負担が偏っているのだ。なお、同じ調査によれば、専業主婦世帯では約九割の夫が家事をしていない。共働き世帯でも約八割の夫が家事をしておらず、妻が働いているかいないかは、ほとんど夫の家事分担には影響していないことがわかる。また育児については、妻の就労状況にかかわらず、約七割の夫が育児をしていない。これは他の国でも見られることなのだろうか。

同じように六歳未満の子どもを持つ夫婦(共働き世帯も専業主婦世帯も合わせた平均)の家事育児関連時間を、日本と他国の状況と比較してみよう。(2) 実は、どの国も母親の方が家事育児時間は長い。しかし、際立って長いのは日本の七時間三四分である。これに比べ米国は五時間四八分、スウェーデンは五時間二九分だ。一方、夫の家事育児時間は、日本は最短の一時間二三分。米国は三時間七分、スウェーデンは三時間二一分である。夫婦の家事育児時間を足すと、どの国も九時間前後であまり変わりがない。つまり、際立って家事育児時間が妻に偏っている、それが日本の状況なのである。

こうした現実に、コロナ禍はどのような影響を与えただろうか。

子どもたちの学校が休みになり、夫が在宅勤務になった。しかし、夫が家にいることが家事育児の助けにならず、むしろ負担がいっそう増えたという人たちがいる。コロナによる影響を報じるテレビのニュース番組では、共働きの夫婦が二人揃って在宅勤務になった場合も、食事作りや子どもの面倒をみるのは母親一人で、在宅では母が満足に仕事ができない現実を取り上げていた。

実際、二〇二〇年四～五月の緊急事態宣言下で、小学校三年生以下の子どものいる世帯がどのような状況にあったかについての調査では、「家事や育児時間が増えた」と回答した人が、夫は二五～二六％だが、妻は三〇％を超えている。さらに「家事・育児・介護の負担が大きすぎると感じたことがあったか」という設問には、「何度もあった」「ときどきあった」と回答した妻は三七・五％であった。(3)日頃から家事や育児の負担が重い上に、妻の三割は緊急事態宣言下でその負担が増したと、さらに四割近くの妻が「その負担が大きすぎる」と感じているのである。

そして、残念なことに二〇二〇年六月以降女性の自殺が増えているが、中でも主婦の増加が目立っている。経済的に弱い立場にある女性にしわ寄せが来ているのだろう。「いのち支える自殺対策推進センター」の発表によると、「同居人のいる女性」と「無職の女性」の自殺が増えているという。その背景には、経済生活問題やＤＶ、育児の悩み、介護疲れがあり、それらの問題がコロナ禍でさらに深刻化したからではないか、と指摘されている。(4)二〇二〇年度には夫からのＤＶに関する相談件数も増え、コロナ前の一九年度に比べて約一・六倍となっている。(5)こうした調査結果は、母親たちの悩みには、たんに「家事・育児負担の偏り」や「仕事と家庭の両立の困難さ」では簡単にはくくれない、深いものがあることを物語っている。

加えて、母親たちの前に立ちはだかっているのが、保育園入所という壁である。

二〇一六年、「保育園落ちた日本死ね!!!」という匿名のインターネット記事が話題になった。なぜこの言葉は多くの母親の共感を得たのだろうか。それは、母親がその後も働けるかどうか、つまりその後の人生設計そのものが保育園入所にかかっているからである。自分ではコントロールできない入所の可否が、母親の人生の自己決定権を奪っているのだ。だからこそ、母親は憤り、保活（認可保育園に入所するための活動）は熾烈になる。日本社会において、子育ては親の責任であり、子育ての負担の多くは母親に偏っている。そして、子どもが生まれても、母親が働いていても働かなくても、子どもが保育園に入れても入れなくても、父親の働き方や人生が変わることはあまりない。変えられてしまうのは母親の人生だけなのだ。

多くの母たちが、母親になることは喜びであると同時に、何かをあきらめることと引き換えだということを経験している。その意味で、保育園入所とは、「母親になることは、自分の人生をいかんともしがたい状況に追いやるリスクと表裏一体である」ことの象徴といえるだろう。

生きづらさの背景にあるもの

これまで、夫婦間の家事育児分担や仕事と子育ての両立をめぐっては、さまざまな研究や調査がなされてきている。しかし、そもそもなぜ、日本の母親たちは生きづらいのだろうか。そしてなぜ、母親たちの声はあまり理解されてこなかったのだろうか。

それは、子育てや家事、仕事の悩みは「個人的なこと」であるとされ、母親の生きづらさの背景に社会の構造的な問題があるとは捉えられていないからである。

母親自身が自分の悩みや正直な気持を、第三者にわかりやすい言葉として伝える機会はほとんどないし、自分のもやもやとした気持を言葉にするのに慣れていない母親もいる。また「子育てに疲れた」「子どもがうっとうしい時もある」などと正直に語ることは「母親として言ってはならない」と、自制している人もいる。悩みを語れば「自分で好きで産んだのに」「自分で働くことを選んだのに」と、批判されることも少なくない。結局、母親の声は軽んじられてきたのである。

著者の一人(前田)は、二〇〇〇年代に行政の中で子育て支援の制度を担当していた。「子育て支援が必要だ」と言うと、さまざまな人から「なぜ子育てを支援する必要があるのか」「昔の母親は洗濯機もない時代に、四人も五人も育てていたのに、今の母親は要求ばかりだ」「子育ては母親の責任だ」という批判を受けた。しかし、自分自身が知り合いのいない場所での孤独な育児に悩み、誰とも会話のない息の詰まりそうな毎日を過ごした経験があったため、何とかして関係者の理解を得たいと考えた。そこで、子育て中の母親たちのグループワークの場を持ち、実際の発言を役所の関係者に聞いてもらった。

「外で子どもが泣くと〝子どもを泣かせるな〟と言われる」「子どもだけと過ごしており、大人とまともな会話をしていない」と言う人や、「時間をつぶす当てがなく、ベビーカーを押してショッピングセンターに行くことしかできず、夕方に買い物をして家に帰る」と語る人もいた。どれも子育てをしたことのある人なら思い当たることだ。それは、母親の「子育てに厳しい世間の目」であり、「誰ともつながれない、孤立した育児」の日常である。

ところが、一連のグループワークが終わった後、役所の担当者は「何が不満なんですか？　一日子どもとゆっくりショッピングセンターで過ごして遊んでいるわけですよね。恵まれている人たちじゃないですか」と言ったのだった。また、働いている母親のグループワークで、家事と育児の両立の大変さへの語りを聞いた後には「あの方たちは自分で働くことを選んだんですよね。家の中のことをあれこれ言われても。役所に何ができますか？」という発言もあった。

このように、母親と行政職員はまったく違う日常を生きていて、見える風景も違い、対話がかみ合うことはなかった。相手の状況を想像し、寄り添い、その心をくみ取ろうという意欲がなければ、母親たちの語りから「母親は何を悩んでいるのか」を聞き取ることはできない。母親の苦悩は「ただの愚痴」であり、個人的な問題だと捉えられてしまう。かれらには母親の姿が見えていないだけでなく、母親の言葉が理解できないのである。

当時すでに、米国の社会学者A・R・ホックシールドの『セカンドシフト』(一九八九年、邦訳一九九〇年)が出版されていた。これは、米国の家庭を事例に、子育てや家事は家庭内のことであると同時に、母親の苦悩は社会的な構造が生み出す問題だと「再発見」する研究だったが、母親ではない人たちにとって、その苦悩はまったくの他人事だったのである。

「保育園落ちた日本死ね!!!」

最近の日本で、母親の生きづらさが明確に母親から発信され、「再発見」された象徴的な例が、先に述べた「保育園落ちた日本死ね!!!」という二〇一六年二月一五日に公開された匿名のブログ記事であろう。母親の苦悩が短い言葉で示されていただけに、大きなインパクトがあった。その冒頭の一節を紹介しよう。


何なんだよ日本。

一億総活躍社会じゃねーのかよ。

昨日見事に保育園落ちたわ。

どうすんだよ私活躍出来ねーじゃねーか。

子供を産んで子育てして社会に出て働いて税金納めてやるって言ってるのに日本は何が不満なんだ?

何が少子化だよクソ。

子供産んだはいいけど希望通りに保育園に預けるのほぼ無理だからwって言ってて子供産むやつなんかいねーよ。


このブログは公開されるや否や、インターネットで大きな話題を呼んだ。さらにその反響はインターネットを超えて、政治の世界にまで広がった。同年二月二九日の衆院予算委員会で、民主党の山尾志桜里議員(当時)が安倍晋三総理大臣(当時)への質問でこの記事を取り上げたのだ。安倍首相が「匿名である以上、実際にそれが本当かどうかということも含めて、私は確かめようがないのでございます」と答弁し、議員席からは、「誰が書いたんだよ」「ちゃんと本人を出せ」などのヤジが飛んだ。

この答弁はまずかった。当時、万単位の待機児童がいたことは事実であり、「待機になって、どうすればよいのか途方に暮れている」母親も同じく何万人もいるわけで、その気持を代弁するブログだったのだ。匿名であっても「多くのお母様が悩んでいることは察するに余りある」など、母親が置かれた状況への想像力が必要だった。そもそも「待機児童解消」を政策目標として掲げていた政府の答弁なのである。

「待機児童問題」だけではない　母の怒りの噴出

安倍総理の「本当かどうか」という言葉は母親たちの怒りに油を注いだ。

今度はツイッターで「#保育園落ちたの私だ」というハッシュタグとともに多くの声が寄せられ、三月四、五日には国会前で小規模な抗議デモが行われた。そして九日には、約二万八〇〇〇人が賛同した「#保育園落ちたの私だ」というネット署名が、山尾議員を通じて塩崎恭久厚生労働相に手渡されるに至った。このブログやその後の署名活動などが日本の政治をどれほど動かしたかはともかく、母親の肉声は、保育園や待機児童問題の関係者に大きなインパクトを与えた。

しかしその後、二〇一七年に著者らが実施した保育園の申請についての調査で膨大な自由記述（詳細は後述）を整理する中で、著者らはあることに気がついた。

それは、「保育園落ちた日本死ね!!!」という母親の声が、たんに保育園に入れるかどうか、待機児童になるかどうかだけに向けられていたわけではないということだ。あの声は、妊娠期から始まる保育園探しや煩雑な入所申請など、保育制度をめぐる、ありとあらゆる困難に対する母親たちの怒りの噴出だったのだ。

さらに、保育園に入れたならば問題は解決、待機児童(定義については後で詳述)さえいなくなれば母親の悩みは解消、という単純なことではなかった。「#保育園落ちたの私だ」と訴えた母親たちも、保育園に入れた母親たちも、子どもを育てながら働くというささやかな願いを実現するために、保育制度にとどまらない、さまざまな悩みを抱えていることを思い知らされたのである。

妊娠中から卒園後までの全段階に壁がある

本書のベースとなっているのは、著者らがある自治体において実施した、その自治体にある認可保育園に入所申請をした全世帯への調査である。私たちの知る限り、このような調査はこれまで実施されたことがない。そもそもこの調査の目的は、入所できた世帯とできなかった世帯を比較することで、その後にどのような違いが出るかを検証することであった。回答結果からは、誰が入所できたのか、そして、入所の可否がその後の母親たちの仕事や子育てにどのような影響を与えたかをうかがい知ることができる。だが、著者らを驚かせたのは、調査票の自由記述欄にびっしりと書き込まれた、母親たちの肉声であった。

保育園への入所申請者への調査であるため、もちろん「保育園落ちた日本死ね!!!」と似たような記述も多くあった。だが、それにとどまらず、母親として働きながら生きていく中で次々と生じる多様な苦悩が綴られ、時には何人もの母親たちが、まるで申し合わせたように同じような言葉を書き込んでいた。これらの母親の怒りやあきらめ、悲しみのこもった声を一つ一つ読み込んでいくと、「妊娠中から保育園卒園後までの母親たち」のすべての段階に悩みがあり、出口が見えない母たちの思いが立ち上ってくるように感じられた。そして、母親たちを取り囲むいくつもの障害、「壁」の存在が見えてきたのである。

母親たちをとり囲む「壁」は、前述のホックシールドが「セカンドシフト」(仕事のあとの家事育児という第二のシフト)や「タイムバインド」(仕事と子育てによる時間の板挟み状態。『タイムバインド』一九九七年、邦訳二〇一二年)という言葉で鮮やかに切り取った、働く母親たちの困難な現実とも重なる。しかし、それだけで語り尽くせるわけではなく、日本の母親ならではの困難が読み取れる。妊娠したとたんに、働き続けられるかどうか、保育園に入れるかどうかの心配が始まる。性別分業の価値観が根強く残る職場やそれを当然視する夫、二一世紀の現在も日本の男性に要求され続けている滅私奉公的な働き方――、それらすべてが重なり合い、幾重もの壁となって母親たちに生きづらさや苦悩をもたらす。保育園に入れたかどうかのみならず、いっそう重たい母親たちの現実を突きつけるものであった。

ここで実際にいくつかの記述を取り上げてみたい。

一年六カ月の育児休業も終わり、会社は職場復帰を待ってはくれず、退職をせざるを得ませんでした。保育所に入れなかったら、仕事を辞めるしかない現実が悲しいです。。。近所では保育所に入れる人もいるのに、なぜうちは入れないんだろう……という疑問をここ数年抱いています。今、上の子が三歳で来年幼稚園、本人は一歳の状況で、幼稚園に行くと送り迎えもあるので、なかなか仕事に就くということとは遠ざかってしまうのが、自分のキャリアとして、残念であると同時に、将来の教育資金等について、不安にもなります。親(女性)が仕事に就きやすい環境をもっと整えていただきたいです。

保育園に入れず、退職せざるを得なかった人の嘆きの声である。待機児童になった場合、子どもが二歳になるまで育児休業期間を延長できるが、この人はそれでも入所できなかったのだ。このように、育休を延長したとしても、二歳時点で保育園に入れる保証はないのである。

父親(男)側がとにかく休みがとりにくい! 育休なんてもってのほかとれないし、そういう雰囲気も職場にない。その上、残業も毎日なので九八%母親が育児して「ワンオペ育児」になる。夫婦とも一日をこなすのに必死でゆっくり話す時間すらない。家庭内で家事は分担できているが育児分担ができていない。朝早く出勤して夜遅いと育児時間が三〇分くらいしかしていない。

当然ながら、子育てをしながら働くには、夫婦で協力して家事や育児をすることが欠かせない。
しかし、それは実現可能なことなのだろうか。このケースでは夫の職場がそれを許さず、結局母親が一人で子育てを担う状況になっている。夫婦ともども一日を過ごすのに精一杯で、夫婦が互いに話し合って家事や育児をどうやりくりするかを話し合う時間もない。

二人目を産むには転職が必要だと考えていますが保育園の預かり時間ギリギリまで仕事をしており、転職活動が困難です。退職後九〇日間で次の仕事が決まる保証はなく、保育園退所のリスクを考えると退職にもふみきれず二人目をあきらめるか悩みます。

そして、無事保育園に子どもが入所でき、仕事に復帰できたとしても、それで万事順調というわけではない。子育てをしながら働くことへの理解のない職場では働き続けられないだろう。この回答者は、第二子を産むために子育てに理解のある職場への転職を考えているが、忙しくて転職活動もままならない。いったん退職して求職者となると、第一子は三カ月間しか在園できないから、その間に次の転職先が見つからなければ、第一子は退園となる。はたしてこの人がその後どういう決断をしたのか、第二子を産むことができたのかどうかはわからない。

三つの壁がある

調査票に書き留められた母親たちの声を読み解く中で、著者らは、日本の母親の生きづらさや苦悩は、保育制度に関するもの、家庭に関するもの、そして職場に関するものの三つに分けると見通しがよくなることに気づいた。この保育・家庭・職場という三つの領域において母親の前に立ちはだかっている数々の障害を、母親の直面する「三つの壁」と呼びたい。

この三つの壁は、それぞれが母親の生きづらさの原因になっている。母親たちは、保育制度においては入所できるかどうかわからない不安に直面し、家庭では夫の無理解や育児の負担に疲れ、職場では子育て中の社員に対する周囲の無理解、制度や職場環境の不備に悩んでいる。どれ一つとっても解決しがたい高い「壁」が、母親たちの毎日にのしかかっているのである。

そして、これらの三つの壁は、互いに強くつながり補強し合いながら母親の前に立ちはだかっている。家庭と職場と保育園を行き来する中で、絡み合う問題にがんじがらめにされて、身動きできないという感覚に陥った母親も少なくないのではないだろうか。一つの壁を乗り越えるためには、他の壁も同時に乗り越えなくてはならない。子育て中の母親が気兼ねせず働ける職場の理解も必要だが、一方、子育て中の母親であっても、戦力たり得るという職業人としての自分を職場で示したいとも思う。子どもの病気の時には父親にも休んでもらいたいが、母親には父親の職場環境を変えることはできない。父親からもっと育児の協力を得たいが、父親にお願いすること自体が母親にとっては負担となる。どこからどうすれば出口が見えるのか、わからない状態に置かれているのだ。

保育の壁　制度が母親の人生を束縛する

保育園に子どもが入れなければ、母親は仕事に復帰することができず、時には退職を強いられ、その人生は大きく変わってしまう。いうまでもなく、待機児童の母親には、母であることだけに集約されない、それぞれの人生、希望や目標がある。

最初の保育の壁は、子どもの出産時期である。多くの保育園が生後半年以降の子どもしか預からないため、年度の後半生まれの子どもは入所に不利になる。保育園への入所を考えて、妊娠時期まで調整しようとする人もいる。本来、妊娠や出産は喜ぶべき自然の産物であるにもかかわらず、出産時期によって、母親は「保育園に入れないかもしれない」という不安にかられる。保育制度が、妊娠や出産を素直に喜べない状況にしてしまっているのだ。

保育園の申請は、ポイントの高い者同士が争う「椅子取りゲーム」のような側面がある。自治体が申請者に入所調整指数というポイントを割り当て、その得点の高い者から優先的に入所できるような仕組みになっている。我が子を人気の保育園に入所させるためには、父親と母親の就労状況などに基づいたこの「ポイント」を一点でも多く獲得しなければならない。多くの場合父親は常勤フルタイムで働いているから、差がつくのは母親の状況ということになる。

希望する保育園への入所確率を上げようとする母親たちは、一点でもポイントを稼げるように、就労時間を変えたり、育児休業を早めに切り上げて、子どもを認可外保育園に預けて職場復帰したりする。しかも、このポイント加算の細かいルールは自治体ごとに異なっているから、母親は出産後の子育てが大変な時期に、自分の住む自治体のルールを読み込み、どうすればポイントが高くなるかを考えなくてはならないのである。このポイント加算の複雑さ（それは入所者選定を公平にしようとした結果なのだ）が、母親にさらなるストレスや不安を与え、母親の働き方や復帰時期にまで影響を与えてしまう。

また、待機児童対策で二歳児までを預かる小規模施設が増えているが、そこに入所できたとしても、すぐに三歳からの保育先を探さなければならない。入所して一、二年後にはまた同じような保育園への入所申請を繰り返すという、「三歳児の壁」にぶつかることになる。そして、三歳児で入所できなければ、もはや育児休業制度などの助けはなくなってしまう。

皮肉なことに、子育てを助けてくれるはずの保育制度が、母親の妊娠時期から育児休業制度の取得期間、短時間勤務制度を利用するかどうかまで縛り付けてしまうのである。

ここで補足しておきたいのが、「待機児童」=認可保育園に申請して入れなかったすべての児童、ではないことだ。申請したが入れなかった子どもは「保留児童」と言われ、その中から一定の条件を満たした者だけが「待機児童」なのである。たとえば、求職活動を断念したり、特定の保育園だけを希望していたり、育児休業を延長すると、待機児童から外れてしまう。

先に「一年半まで育児休業を延長したが、結局、保育園に入れず退職した」という自由記述を紹介したが、この人は育児休業を延長しても入所できず、その時点で退職し、求職活動もしていないので、待機児童にはならない。つまり、保育園に入れなかったために仕事を辞め、求職活動もあきらめた人は、待機児童にカウントされないのである。

家庭の壁　家事育児負担は圧倒的に女性に偏っている

「家庭の壁」とは、専業主婦はもちろん、共働きであっても、家事育児を主に負担しているのは女性だという現実である。

本章の冒頭で触れたように、日本の母親の家事育児負担は他の国に比べて重い。六歳未満の子どもを持つ夫婦の週平均一日当たりの家事・育児関連時間(共働き世帯も専業主婦世帯も合わせた平均)について、冒頭では日本と米国・スウェーデンを紹介した。この他に、英・仏・独・ノルウェーを含めた七カ国を比較しても、日本の母親の家事育児時間・七時間三四分は最長である。一方、日本の父親は一時間二三分と、やはり七カ国の中でも最も短い。

二〇二〇年、OECDが各国の男女(一五～六四歳)の生活時間を調査したものから、内閣府が一四カ国を比較してまとめている。[6] この国際比較では、賃金を得る仕事をしている有償労働時間と、家事や育児などの無償労働時間を合わせて総労働時間としている。この他、睡眠や食事などはパーソナルケアの時間であり、残りが余暇時間となる。日本の特徴は、有償労働と無償労働を合計した総労働時間が、男性＝八時間一三分、女性＝八時間一六分と、比較可能な国々の中では最も長いことである。睡眠や食事などパーソナルケアの時間を見ると、日本の男性は一〇時間一三分と短い部類に入るが(もっと短いのはスウェーデン男性の一〇時間一一分)、日本女性の一〇時間二六分は、各国の女性の中で最も短い。

さらに、日本が他の国と際立って異なっているのは、男性の総労働時間に占める有償労働が九二%と圧倒的に長く、無償労働は四一分と際立って短いことだ。そのため、日本の女性の無償労働時間は、なんと男性の五・五倍となっている。男女ともに総労働時間が長いため、生活時間にあまりゆとりがないと思われる中で、有償労働と無償労働のバランスが、男女によって大きく偏っているのだ。日本が性別分業の強い社会であることが、ここからもわかる。

子どもが生まれても父親の働き方は変わらない

著者らが行ったアンケートでも、「いかに父親が家事育児を分担してくれないか」という記入は多く、しかも文面から強い母親の怒りやあきらめの感情が読み取れる。

父親が母親のように家事育児を分担しない／できない理由だが、母親の記述からは三つの要因が見えてくる。

一つは「家事育児は母親の仕事」という性別分業的な価値観である。夫が強くそれを支持しているかどうかはともかく、現実として「家事や育児は母親の仕事」であり、父親は家事育児から逃げることができる。母親になると妻の生活は大きく変わるにもかかわらず、父親の中には独身時代と少しも変わらない生活ペースを守っている人もいる。当然母親は不満を持っているが、目の前の家事育児と仕事に追われてギリギリの毎日を送っているので、このうえ夫の考え方や行動を変えるのは負担が大きすぎる。夫にあれこれ言って家庭の中がギスギスし、さらに心がしんどくなるのは避けたい。結局、母親が我慢して一人で家事や育児を担うこととなる。いろいろ父親に働きかけてもムダだった、期待しない方がいい、とあきらめている母親も少なくない。

二つ目には、そもそも何をやればいいのか父親がわかっていないということがある。それは性別分業意識以前の問題かもしれない。家事や子育ては名もない雑務の塊だが、何が必要なのかわからない父親が多いという事実が浮かび上がってくる。

たとえば「子どもを風呂に入れる」には、風呂を沸かし、着替えを用意し、子どもの体を洗い、体をふき、水分を取らせ、風呂の後片付けをするという一連の作業が必要だ。ところが父親は「子どもの体を洗う」ことしかしない。そのため、常に母親が父親に何をしてほしいか「お願い」、またはは「指示」しなければならない。「お願いすればやってくれるが、お願いすることに疲れた」母親もいれば、忙しい中で気づかない夫に対して、「怒りと一緒に責めてしまう」人もいる。

三つ目は、父親の働き方が家事育児参加を許さないという、男性の長時間労働を前提とした職場のあり方だ。母親たちは家事や育児をしない父親を責めているだけではない。残業が恒常化している働き方や逃れられない職場のつきあいが、父親の早い帰宅や家族とゆっくり過ごす時間を奪っていることをちゃんと理解している。男性の働き方が変わって、週に何日かでも早く帰れるようになり、子育てを一緒にできれば、少しはワンオペ育児が楽になるのではないかと望む人もいる。

このように父親の帰りを待ちわびている人もいれば、残念ながら、もはや父親にはまったく期待していない母親もいる。父親が中途半端な家事をすると結局やり直すことになるから自分が全部やるという人もいる。理想のバランスはそれぞれの家庭によるだろう。しかし、多くの母親には選択の余地がない。

『令和二年版男女共同参画白書』によると、働いている女性で、仕事のある日の育児時間が長いほど、生活満足度が低くなるだけでなく、抑うつ度も高くなる。母親たちは毎日言葉に出せないまま、家事育児の分担に不公平感や不満を抱きながら過ごしており、心のコップからそのやりきれなさが溢れそうな人もいる。言い出すと止まらないからか、言葉にしてもわかってもらえないのか、それとも家庭内で揉めたくないのか、理由はさまざまだが、母親の思いは父親には伝わらないままである。

職場の壁　子どもの有無がキャリアを左右する

母親はまた、「職場の壁」にも直面している。

「職場の壁」とは、一言で言えば、「ワークライフバランス(仕事と生活の両立)」におけるワーク(仕事)側の障壁である。そしてこの壁は、日本社会の労働慣行、職場や上司のジェンダー意識など、「家庭の壁」で母親たちが直面する問題と合わせ鏡のように存在している。しかも母親自身の価値観も、どう働きたいか／どう働けるかも人によって異なり、問題はいっそう複雑である。

近年は、出産後も働き続ける人が増え、「第一六回出生動向基本調査」(国立社会保障・人口問題研究所、二〇二二年)によれば、二〇一〇～一四年に第一子を出産した女性では、就業継続者の割合が四二・四%と、四割を超えている。さらに二〇一五～一九年では五三・八%と、五割を超えた。仕事を継続することだけが正しいわけではない。働かずに子育てに専念したい母親もいるだろう。ただ母親の中には働き続けたいと望んでいたにもかかわらず、妊娠したことをきっかけに、もしくは育児休業中に、退職に追い込まれた人たちもいる。保育園入所申請以前に、子どもを産んだことで職場を追われる人がいることも事実だ。

職場のありようもさまざまである。子育てしながら働く社員への理解があまりない職場もあり、肩身の狭い思いをしている母親は少なくない。専業主婦の妻を持ち、ほとんどの時間を仕事に注ぎ込むのがあたりまえの上司や管理職の世代が、すべて次の世代に入れ替わるまでは職場が変わらないという、あきらめに満ちた声もある。

また、そもそも人員がギリギリで、恒常的な残業によってどうにか回っているような職場では、育児休業を取得するのも周囲に迷惑がかかると、気兼ねする母親もいる。育児休業中の社員の仕事をカバーする増員がなければ、残った社員は育児休業取得を応援できない。

一方、短時間勤務制度を導入する職場も増えており、この制度を利用する母親も少なくない。しかし、それは「家庭の壁」で見たように、家事育児をすべて母親側が担っているために、短時間勤務をするしかないという実情もあるだろう。また、短時間勤務といっても業務量は変わらないために、実際には仕事が終わらずサービス残業をしたり、家に仕事を持ち帰っている人もいる。フルタイム勤務をすると残業しなければならないので、残業を避けるために短時間勤務を選ぶ人もいるが、そもそも職場全体が残業を前提とせず、定時で終わるのであれば、わざわざ短時間勤務を利用する必要がないとも言える。

また、短時間勤務で、サービス残業や仕事の持ち帰りもなく、自分のキャリアを積み上げることからは外れて補助的な仕事しか担当しない、いわゆるマミートラックに陥る母親もいる。責任のない気楽な仕事でいいという人もいれば、職業人としての成長の機会を失ったと感じている人もいる。

非正規社員の場合、職場の壁はさらに高くなる。育児休業など、働き続けるためのさまざまな制度が導入されているが、使えるのは主に正社員で、非正規と正規の格差は拡大している。「第一六回出生動向基本調査」を見ると、二〇一五～一九年に第一子を出産した女性で、正規社員は約八割が就業継続したが、パートなどの非正規になると約四割と半減する(その前の二〇一〇～一四年の調査では、正規雇用者の就業継続率は約七割、非正規は三割弱だった)。いったん無職になってしまうと、保育の壁もあり、再就職は難しい。正社員との格差を嘆く声も少なくない。

このように、母親になると昇進から遠ざかったり、労働時間を減らしたり、退職するなどしてキャリアの中断を余儀なくされ、女性の生涯賃金は下がる。こうした現象は欧米でも多く見られ、母親になることで女性の生涯賃金が下がるのは、子どもを産むことによる"child penalty(子ども罰)"だと言われている。男性の場合は、子どもがいてもいなくても職業人生や賃金にほとんど影響しない。特に子育て負担が母親に偏る日本では、子ども罰はかなり深刻だろう。

三つの壁が重なり合う時

さらに問題なのは、この三つが互いに絡み合って補強され、母親を追いつめていることだ。

たとえば子どもが病気になった時、母親たちは三つの壁に同時に直面し、すべての壁の前で右往左往することになる。

保育園は病気や発熱している子どもは預かってくれない。病児保育制度はあるが、病児保育園は自治体内に数カ所しかない上に、まず病院に行って診断書をもらわなければならない。インフルエンザなどが流行していれば病児保育は満杯である。これが「保育の壁」である。

そして、「子どもに熱がある」という電話は、父親ではなく、母親の職場にかかってくる。急いで退社して保育園に子どもを迎えに行き、そのあと看病で休むのも主として母親である。これが「家庭の壁」だ。もし夫が仕事を休もうとしても、性別分業意識の強い職場で働いていれば、「男がなぜ子どもの病気で休むのか」という圧力にさらされることになる。

しかし、子どもの世話が母親に偏重している一方で、必ずしも母親が子どもの病気で仕事を休むことが歓迎されているわけではない。専業主婦の妻を持つ職場の上司や同僚たちはたいてい、女性は「良い母親であるべきだ」と考えているが、それにもかかわらず、同僚の女性が子どもの病気で早退すれば、「社会人としてなっていない」と批判するのだ。「良い母親なのだから、早く帰りなさい」と応援してくれるわけではないのである。肩身の狭い思いをし、「子持ちの女性はあてにならない」と白い目で見られ、退職に追い込まれることもある。これが「職場の壁」である。一人の母親に「仕事より良き母親であることを優先するべき」という家庭からの期待と、職場からの「母親より良い職業人であれ」という矛盾する圧力がかかる。まさにダブル・バインドである。

もし父親が母親と同じように家事育児を担い、病気の時にも交互に休むことができれば、つまり、夫婦で協同して家庭の壁を乗り越えることができれば、母親は職場での立場で悩むことも少なくなる。だがそれには夫の職場の壁も乗り越えなければならない。

保育園時代は何とか乗り切ったが、「小一の壁」にぶつかる人もいる。学童保育は保育園ほどには充実していないし、小学校は暴風警報や台風などで頻繁に休校になる。学校行事やPTA活動など、保育園以上に「母親役割」への期待がある。小学生になることは、保育の壁と家庭の壁がいっそう高くなることを意味する。そのため、母親の直面する職場の壁も困難さを増す。子どもが小学生になる頃には母親も年齢をそれだけ重ねており、職場からは「子育てへの配慮はいつまで必要なのか」という疑問にもさらされることになる。

非正規雇用の母を追いつめる構造的格差

また、制度が充実していない非正規雇用やパートタイム労働の母親たちにとって、「保育の壁」「家庭の壁」「職場の壁」を乗り越えることはさらに困難になる。育児休業が取得しにくく、妊娠を期に退職する人も少なくない。妊娠したとたんに、職場の壁に直面してしまうのだ。

さらに、就労時間が短いパートタイマーや求職中の人は、保育園の入所申請の時にポイントが低く、不利になるという保育の壁が立ちはだかる。

また、家事育児を多く分担していて長時間働けないからパート勤務にしているのだが、収入が低くなることを理由に、夫との力関係において弱い立場となる。そうなると、収入が低く、働く時間も短いのだから家事育児は母親が分担すべきだという理屈で、さらに負担がのしかかってくる。「良き妻・良き母親であれ」という圧力の下で、「夫には迷惑をかけない範囲」で仕事をせざるを得ないという悪循環が、家庭の壁だ。「仕事と家事育児を両立できる働き方」という名目の下、母親は低賃金の不安定雇用にとどまり続ける。これが日本の〝女性の活躍〟の現実である。

既婚女性の就業率は上がりつつあるが、パートタイマー比率は高い。総務省の「労働力調査（詳細集計）」を見ると、夫婦共働きで妻がフルタイム就労の世帯は、一九八五年に四六二万世帯、二〇一九年に四九五万世帯と、四半世紀を経てもあまり増えていない。つまり、共働き世帯は増えたが、そのほとんどは妻が週三五時間未満の就労である。妻がパートタイマーの共働き世帯数は一九八五年に二二九万世帯だったのが、二〇一九年には六八二万世帯と、約三倍に増加している。

加えて母親には、保育・家庭・職場にまつわるさまざまな雑事を調整する仕事も多い。言ってみれば家事育児のマネジメントだが、子どもの世話をしながら、保育園の申請書類を読み込み、保育園見学を申し込み、その合間に食事の献立を考え、食材やおむつの在庫を調べ、何をいつ買うかの段取りをする。家族の予定の調整や、親族のつきあいの段取りも主に母親の仕事である。仕事に復帰した後は職場との調整も必要だ。夫婦で互いの職場の忙しい時期を確認しあい、保育園の送り迎えの分担も考えなくてはならない。保育園も年中になればスイミングなどの習い事も始まり、誰が連れていくかのアレンジもいる。突発的な事態が起こった時はベビーシッターや祖父母の協力を得るなどの手配も必要だ。こうした諸々の雑事を、母親たちは毎日やりくりしている。家庭内で起こることのすべては母親の仕事——、しかしそれは母親だけが喜んでしなくてはならない、あたりまえのことなのだろうか。

母親たちが三つの壁から解放され、自分のライフコースを自分で納得して選択し、産みたい時に子どもを産み、保育園に安心して子どもを通わせることができ、仕事を続けることも、またはいったん仕事を離れても、いずれ働きたい時に再就職もできる——、そんなことは可能だろうか。三つの壁から解放されずとも、その負担が軽減され、母親だけでなく父親もともに家事育児を担い、ゆとりをもって子育てができるようになるには、何が必要なのだろうか。

(1) 内閣府(二〇二〇)『令和二年版男女共同参画白書』九頁
(2) 内閣府(二〇二〇)『令和二年版男女共同参画白書』四七頁
(3) 内閣府(二〇二一)『令和三年版男女共同参画白書』四〇頁
(4) 清水康之(二〇二一)「コロナ禍で深刻化する女性の自殺危機」『女性展望』五—六月、一〇—一二頁
(5) 内閣府(二〇二一)『令和三年版男女共同参画白書』二八頁
(6) 内閣府(二〇二〇)『令和二年版男女共同参画白書』四四頁

第2章

保育園入所が母親の運命を変える

——調査で何がわかったか

保育園の入所が何を変えるのか

子どもが保育園に入れたかどうかで、その後の母親の人生は本当に変わるのだろうか？　入所が決まる一月頃には、保育園入所をめぐって多くの報道がなされ、母親たちの苦労話や入所できなかった人の怒りや戸惑いなど、さまざまな声が聞こえてくる。

保育園入所と母親の就労や健康状態の関係については、これまでにも多くの調査・研究がある。ただ、実際に保育園に入所申請した世帯や母親がどういう人なのか、誰が入れ、誰が入れなかったかという情報は公開されておらず、全体像がよくわからない。さらに、同時期に同じ自治体で入所申請をした母親が、入所の可否でその後どうなったかを直接比較した調査も見つけられなかった。

著者らは、待機児童のいる都市部郊外の自治体（A市）で、二〇一七年四月の認可保育園への入所を目指して入所申請した全世帯の調査を行った。調査を実施したのは同年一〇月で、入所予定の四月からちょうど半年後である。一〇月といえば、入所できた人には半年たって慣れた頃、入所できなかった人にとっては次の新年度の入所申し込みが始まる時期でもある。

調査対象世帯は二二〇三世帯で、うち一四九八世帯（六八％）が入所世帯、七〇五（三二％）が入所できなかった保留世帯だった。つまりA市では、申請者の三割は入所できなかったということになる。しかし、公表されている待機児童の人数は、実際に入所できなかった子どもの数よりもずっと少なくなっている。1章でも触れたが、「待機児童」とは、入所できなかった世帯のうち「一定の条件を満たした子ども」だけを指しているからである。

調査に対して回答があったのは一三二四世帯で、回収率は約六〇%であった。回答した世帯のうち、入所できた世帯は約七二%である。回答者の中の入所世帯と入れなかった世帯の一〇月時点の母親の就労や世帯の状況を比較することで、保育園の入所の影響を見ることができる。

なお、この調査には「最も子育てに関わっている保護者」に回答をお願いしたが、回答者全員で見ると、「母親」が約九一%、「父親と母親」が約五%、「父親」が約一%だった。

この調査の目的は、どんな人が入所できたのか／できなかったのかを見るだけでなく、母親のその後の仕事や生活にどのような影響を与えたかを確認することにあった。それまでにも、保育園に入れなかった多くの母親の嘆きの声を聞くにつれ、「保育園落ちた日本死ね!!!」という言葉は誇張ではない、と考えていたからである。

調査では主に八つの項目について聞き、最後に自由記述で母親たちの言いたいことを書いてもらった。八つの項目は次の通りである。

①子どもの生年月や性別やきょうだい数、②保護者の就労や世帯の状況、③保育園利用申請の理由(たとえば週何日・一日何時間勤務なのか)、④保育園利用状況(どういった保育園を利用しているのか、していないのか)、⑤家族や祖父母の状況、⑥夫婦の育児家事分担や育児負担感・職場環境・抑うつ度など、⑦子どもの発達状況、⑧保護者の年齢や学歴、昨年および今年の年収など。

また、保護者の就労状況や保育園の利用状況については、調査時点の一〇月の状況だけでなく、保育園の利用を申請した時の状況も尋ねている。

待機児童と保留児童　「隠れ待機児童」の実態

ここで、待機児童と保留児童の違いについてあらためて確認しておきたい。

全国の待機児童数は二〇一〇年に二万六二七五人のピークを迎えた後、少しずつ減っていたが、調査を実施した一七年にふたたび二万六〇八一人と増えていた。

その後また待機児童が減り出し、待機児童がいない自治体もあるが、それは必ずしも誰もが保育園に入れるようになったことを意味していない。

認可保育園に入所を申し込んで入れなかった子どもは、全員「保留児童」である。その中から、一定の条件を満たした子どもだけが「待機児童」としてカウントされることになっている。実は、以前は認可保育園に申し込んで入れなかったすべての子どもが待機児童と見なされていた。ところが二〇〇一年に定義が変わり、待機児童の範囲が狭まることになった。

たとえば、「地方単独事業」として自治体が独自に助成する認可外保育園や、一時保育などの特例保育を使っている人、さらには「きょうだいで同じ保育園がいい」などの理由で、自宅から三〇分未満で登園可能な保育園はあるのに断る場合も、待機児童に含めなくてよくなった。また、保育園に入れず育児休業を延長した人を待機児童に含めるかどうかについても、自治体の判断に任されている。育児休業を延長した人の中には、本当は仕事に復帰したかったのに入所できず延長した人と、最初から延長を望んで待機になろうとした人が混在しているからだ(待機児童になった場合の育児休業の延長は一年半までだったが、二〇一七年一〇月からは二年まで延長できるようになっている)。

さらに、入所できなかったために、働くことをあきらめて退職してしまった人、求職活動を止めた人も待機児童には入らない。定義を狭めたことで、保育の必要性の実状が見えにくくなっている。

このように、実際には待機児童の何倍もの保留児童、つまり入所申し込みをして入れなかった子どもがいる。この子どもたちのことを、「潜在待機児童」や「隠れ待機児童」と呼ぶこともある。

ちなみに二〇一七年四月時点の全国の待機児童二万六〇八一人の他に、「地方単独事業」対象の認可外保育園を利用している人が約一・五万人、特定の保育園を希望している人が約二・九万人、求職活動を休止した人が約五〇〇〇人、特例保育を利用している人が約八〇〇〇人いる。(1) 合わせて約五・七万人(育児休業中の者を除く)が、隠れ待機児童である。

また二〇二二年の待機児童は二九四四人だが、同じように計算してみると、約六・五万人弱の隠れ待機児童がいると考えられる。(2) 確かに一七年に比べれば保育園に入りやすくはなっていることから、待機児童が減少したという報道が先行しているが、今でも表に出ている数字よりはるかに多くの人が認可保育園に入れていないのだ。

たとえば、二〇二二年四月時点で横浜市の待機児童は一一人だったが、この他に保留児童は二九二六人いた。(3) このうち育児休業延長を希望する一二九〇人を除いた一六三六人が、待機児童の定義から外れた人たちだと考えられる。横浜市は保留児童の分析結果を公表しているが、その七割が一〜二歳児で、障害児・医療的ケア児、駅から遠い場所に居住する人、保育園に通うきょうだいのいる人が保留になる確率が高くなっていることがわかる(4)。そもそも医療的ケア児を預かってくれる保育園は限られているし、きょうだいが別々の保育園に通えば親の負担は大きくなる。保留児童になった人たちにも、それぞれの事情がある。

A市での調査の自由記述にも、待機児童の定義自体がおかしいという怒りが述べられていた。

A市は待機児童の数を常識にともなった考え方で公表してほしいと思います。「待機児童ゼロ」と発表した時に周りの保護者は全員怒っていました。ウソですよね？ダメですよ。また無認可に預けざるを得ない人も(ウチもそうでした)いますので、ぜひ無認可施設にも補助を更にあつくし、保育料を下げてほしいです。

複雑怪奇な入所審査システム

そもそも保育園の入所審査は、どのように行われているのだろうか。

前提として、保育園には「保育の必要性」がないと入れない。その必要度の高い人から順に入所できることになっているので、就労状況や健康状態など、保護者の基本情報を点数にして計算し、その世帯の「保育の必要性」を算出する。どのような状態が何点で、何があると加点や減点をされ

表 2-1　A市が入所審査につかう利用調整基準表

保護者(外勤・自営の中心者・就学)の状況	基準指数		
	週5日以上	週4日	週3日
1日8時間以上の就労・就学	100	90	80
1日7時間以上8時間未満の就労・就学	95	85	75
1日6時間以上7時間未満の就労・就学	90	80	70
1日5時間以上6時間未満の就労・就学	85	75	65
1日4時間以上5時間未満の就労・就学	80	70	60
1日3時間以上4時間未満の就労・就学	75	65	55

注：A市の特定を避けるため，表現や基準指数の値は変更している．

るのかという基準を「利用調整基準」という。自治体によって点数のつけ方は違っていて、A市は指数化しているが、A・B・Cといったランクで示すところもある。各自治体では、入所選定の透明化・公平化を図るという趣旨で、利用調整基準を公表している。

A市の入所審査を見てみよう。まず、第一段階で、保護者の就労状況などによって「基準指数」という数値を割り当てている(表2-1)。外勤で一日に八時間以上・週五日以上の勤務だと一〇〇点、週四日勤務だと九〇点、また週五日勤務でも一日の労働時間が六時間以上七時間未満だと九〇点といった配分になっている(なお自治体の特定を避けるため指数は一部変更)。そして保護者二人の基準指数が合計され、ひとり親の場合は最高点の一〇〇点より大きい点数が加算される。

この点数配分は自治体によって異なるが、基本的に外勤で労働時間が長いほど指数が高く、自営でも、経営者などの中心者でなく協力者については低く設定される。この他、保護者が出産、入院、自宅での療養、障害、介護、災害復旧、就労内定、求職者などの場合は、その程度に応じて指数が割り当てられている。

続く第二段階では、この基準指数に加えて、育児休業明けか、上の子がすでに保育園に入っているか、父母のどちらかが単身赴任かといった要素をもとに調整指数が加算・減算される。こうして、最終的にそれぞれの世帯の利用調整指数が算出される。そして、この調整指数が高い世帯から優先的に保育園への入所が決まる、というわけだ。A市の場合は、市全体ではなく、保育園ごとの申込者の中で選定が行われる。

さらに第三段階として、利用調整指数が同じ場合は、いくつかの優先条件に基づいて、入所の順位が決められる。A市では、ひとり親家庭、兄弟姉妹が市内保育園等にすでに入所している、入所保留期間が長いなど、重視する度合いが高い順に八つの項目が定められている。

実は、この利用調整指数の配点や優先順位の順位付けのルールも、自治体によって違う。それぞれの自治体が、これまでの申請者からの苦情や試行錯誤の中で、地域の特性を踏まえて、自分たちなりの工夫を凝らしているからだ。たとえば、A市ではやっていないが、勤務時間に通勤時間を足し合わせて指数を算出する自治体もあるし、指数が同点の場合に優先するのが「市民税額が低い世帯」の自治体もあれば、「居住年数の長い世帯」の自治体もある、といった具合だ。

表2-2に世帯の利用調整指数の算定の方法をまとめてみた。就労状況などで決まる①の基準指数に、保育など他の状況を考慮した②の調整指数を足して、世帯の利用調整指数を出す。同点の世帯が並んだ場合は、最終的に細かく定められた③の優先条件で順番を付けることになっている。

表 2-2 利用調整指数の算定の仕方

世帯の利用調整指数 ＝①基準指数(就労状況など)＋②調整指数(保育状況など) ⇒ 同点の場合は③優先条件で順位決め

注：①の基準指数は点数でなく，A/B/C といったランク付けの自治体もあり，何に何点つけるかや優先条件の順位などは自治体ごとに異なっている．

それぞれの自治体の入所調整指数の割り当て表やルールを見れば、どのような世帯が入所に有利かということはわかるが、指数が高い方だからといって必ず入れるというわけでもない。実際に入れるかどうかは、希望する保育園の年齢別の定員の空き数や、どんな人が申し込んでいるかの兼ね合いで決まるから、まさに、フタを開けてみないとわからないのである。

人気のある保育園には、夫婦ともにフルタイム勤務の世帯の申請が集中し、調整指数を足しても多くの世帯の指数が同点となってしまい、最後に何を優先するかで入所者が決まったりする。申請者からすれば、なぜ同じようなフルタイムの就労世帯なのに、入れた人と入れない人が分かれるのか、とてもわかりにくい。一方、人気のない保育園だと申請者が空き枠より少ないから、同じ自治体の中で、フルタイム勤務の世帯の子どもが入れず、求職中の人が入れたりする現象が起こる。それが保育園の入所の難しいところであり、多くの人が不公平感を持つ原因にもなっている。

どのような人が入所を望んでいるのか

調査に答えた世帯の父親の九割以上は常勤で働いているので、調整指数で差がついて入所の決め手となるのは、母親がどのような働き方をしてい

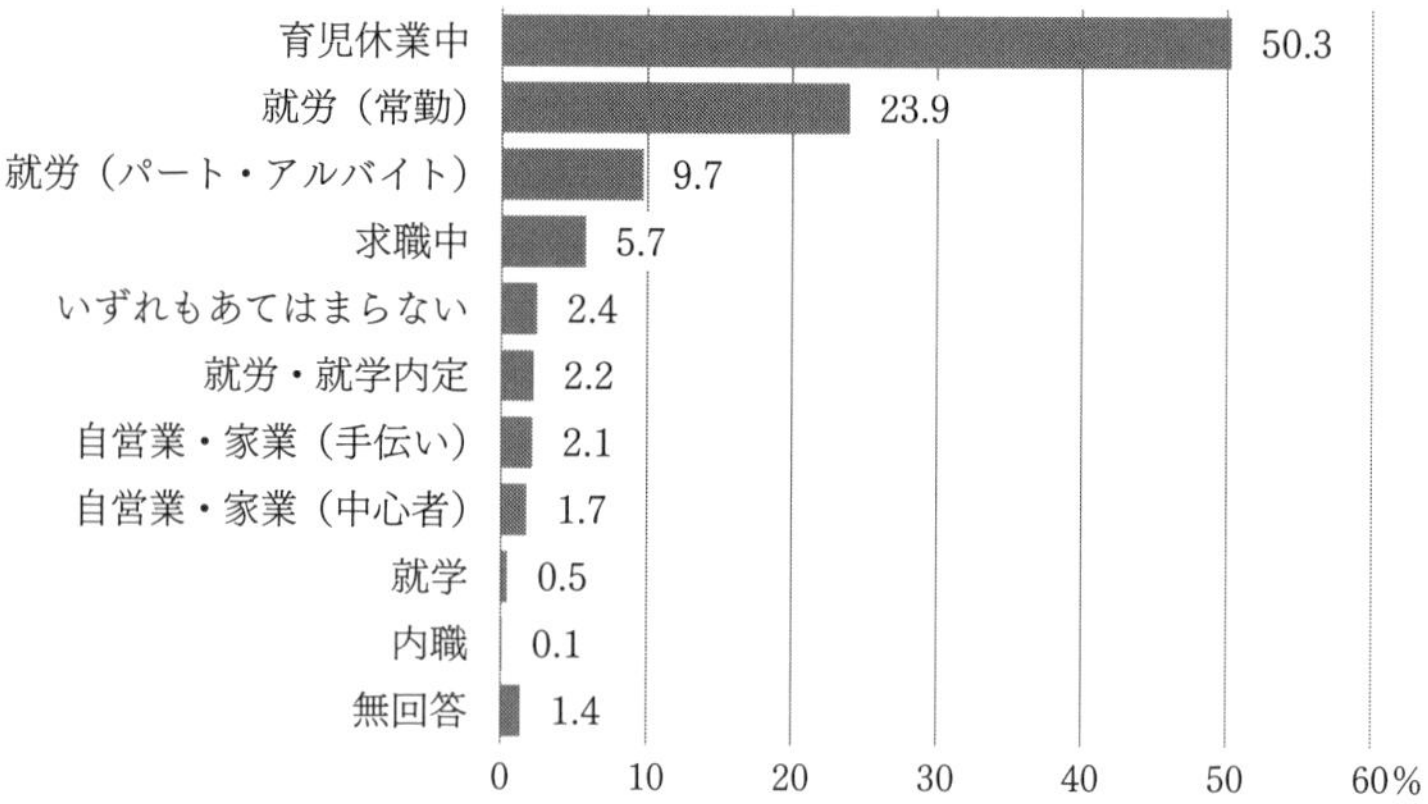

図 2-1　入所申請時の母親の就労状況

注：全回答者数は 1324 人であり，横軸はそれぞれの項目の回答者数の全回答者数に対する割合である．

るのか、ということになる。

入所申請した時の母親の就労状況を見てみると、育児休業中が約五〇%、常勤で就労中が約二四%、パート・アルバイトが約一〇%、求職中が約六%、その他、自営業の中心者と手伝い、就労・就学内定の人、そしてこれらの就労ではない人たちもいる（図2―1）。

また、保育園入所後に母親がどのような働き方を想定しているか、入所申請書に書いた就労日数・時間を尋ねている。週五日以上が約八五%、週四日が約七%で、一日の就労時間は八時間以上が約五〇%、七時間から八時間未満が約二五%、六時間から七時間未満が約一五%である。つまり、多くの母親が週五日勤務の一日七時間以上のフルタイムで働くために入所申請をしているわけだ。先に書いたように、働いている日数が多く、労働時間が長い方が入所に有利になるという背景もあるだろう。実は、ここには難しい問題がある。A市の場合、短時間勤務や部分休業で働く日数を減らすなどすると、調整指数が低くなってしまうので、「家事と仕事の両立をするために時短をとりたいが、そうすると点数が低くなってしまうので八時間以上働かざるをえない」という不満を自由記述欄に書いている人もいた。

一方で、自治体によっては、実際には短時間勤務をしている場合でも、勤務先の所定労働時間で入所審査をするところもある。それにもやはり不満が出ていて、短時間勤務制度を利用できない人から「長時間働く人と短時間で働く人と同じように扱うのはおかしい」という声がある。

実際に入所できたのはどのような人なのか

まずは、申請時の母親の状況ごとに分けて、入所率を見てみよう（図2-2）。

育児休業中の六六六人のうち入所できたのは約八〇％、すでに常勤で働いていた三一七人では約七六％である。就労・就学内定者二九人では六九％、パート・アルバイトの一二八人では約六三％、自営業の中心者二三人では約六一％、自営の手伝いの二八人では約六一％、求職者七六人では約三八％が、入所できたことがわかる。

逆にいうと、申請時にすでに働いていた母親でも四人に一人、育児休業中だった母親は五人に一人が入所できていないということだ。また、パート・アルバイトや自営業だと、実に四割近くの人が入所できなかったのである。就労・就学が内定していても約三割、求職者だと約六割の人が入

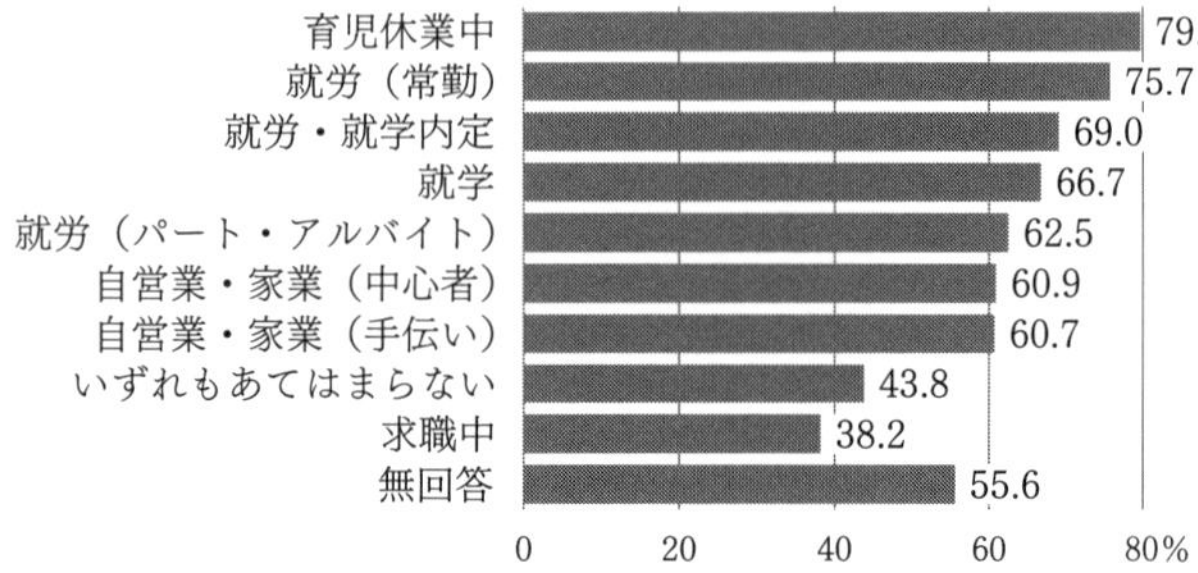

図 2-2　母親の雇用状況別の入所率（入所申請時）

注：各就労状況別の回答者数は「就学」の 6 人以外の回答者はそれぞれ 10 人以上おり，「育児休業中」は 666 人，就労(常勤)は 317 人，就労・就学内定は 29 人，就労(パート・アルバイト)は 128 人である．

れていない。せっかく就職先が決まっていても、子どもの預け先がなくては働きに行けない。再就職するために、まずは子どもを保育園に預けて求職活動したいと考えていた人のうち、それができたのは半分以下の四割である。一度仕事を辞めてしまうと、認可保育園に子どもを預けて再就職したくても、最初の保育園探しの段階で過半数の人がつまずいてしまうわけだ。

これは年度始めの四月入所の申請なので、この段階ですでに入れない人がいるということは、保育園はもう満杯で、この後、年度途中で入所したい人がいても、まず不可能である。言うまでもなく、子どもは時期を選んで生まれてくるわけではないから、出生時期によって入所が左右されてしまうという理不尽がここでも明らかになっている。

また、世帯の所得と入所率の関係について見てみよう。フルタイム勤務の正社員は、当然パート・アルバイトの人より勤務時間が長く、所得も高い。就労日数が多く就労時間が長い方が入所の基準指数が高くなることを考えると、フルタイム勤務で所得の高い人が入所しやすいはずである。しかし一方で、指数が同点の世帯では、所得の低い世帯が優先される。勤務形態と所得は、実際に入所の可否にどのように関係しているのだろうか。

調査では、調査前年の二〇一六年の母親と父親の収入を別々に聞いた。

母親の年収に注目してみると、年収七〇〇万円までは順調に入所率が上がっていくが、それを超えると一気に入所率が下がる。一定の年収までは就労日数と就労時間が長くなるにしたがって優位になるが、それを超えると優先順位が下がるということだろう。ただし、注意しなければならないのは、七〇〇万円を超える年収を得ている母親は少数だという点だ。

一方、父親の年収については、年収が高くなるほど入所率が下がっている。なお、あくまで今回の調査の場合だが、父親の年収によって母親の勤務形態が変わってくる、つまり、父親の年収が高いと母親がパート・アルバイトになり、常勤は少なくなる、といった傾向は見られなかった。常勤の母親の比率と父親の年収との関連はないので、やはり、父親の年収が高くなると入所率が下がるのは、Ａ市では、利用調整指数が同点の場合は所得の低い世帯が優先されるため、夫婦の年収を合計した世帯年収が高くなることが理由だろう。

だが、世帯年収が高いために順位が下がって入所できなかった人にも、当然ながら不満がある。自由記述には、「年齢が高ければ年収が上がるのは当然であるが、一方、残りの勤務年数は少なく以降の収入では若い人よりも少ない可能性が十分にあるので考慮してほしい」という声が書かれていた。結婚年齢や出産年齢の幅が広がり、一〇代の出産もあれば四〇代の出産もある。このように、公平であろうとするほど、誰を保育園に入所させるかを決めるルールを全員にとっての正解にすることは難しくなっていく。

保育園に入所できなくても働いている母親たち

保育園に入所できたかどうかは、その後の母親の働き方にどのような影響を与えたのだろうか。まずはすべての申請者の状況で見てみよう。年度始めから半年後の一〇月、入所できた九五九世帯では常勤が約七二％、パート・アルバイトは一八％、育児休業中が約四％である。入所できなかった三六五世帯では常勤が約三八％、パート・アルバイトは二〇％、育児休業中が約一四％、求職者が約一〇％、自営業が約六％、「いずれもあてはまらない」が約一〇％となる（図2-3）。

自由記述には保育園に入れず退職したり、内定を断ったという書き込みもあった。すでに述べたが、入所できなかったために就労を断念し求職活動もやめれば、待機児童にはカウントされない。「いずれもあてはまらない」に分類される人たちがこれに当たる。

一方、認可外保育園に預けるなど、何とか子どもの預け先を見つけて、働き続けている人たちが約六割いるだけでなく、あきらめずに求職活動をしている人も一割いることがわかる。

実は入所できなかった人の中でも、週五日以上勤務している人が五割以上、一日八時間以上の就労をしている人は約三一％（入所者だと三六％）、七〜八時間勤務の人は約一六％いる（入所者だと約二

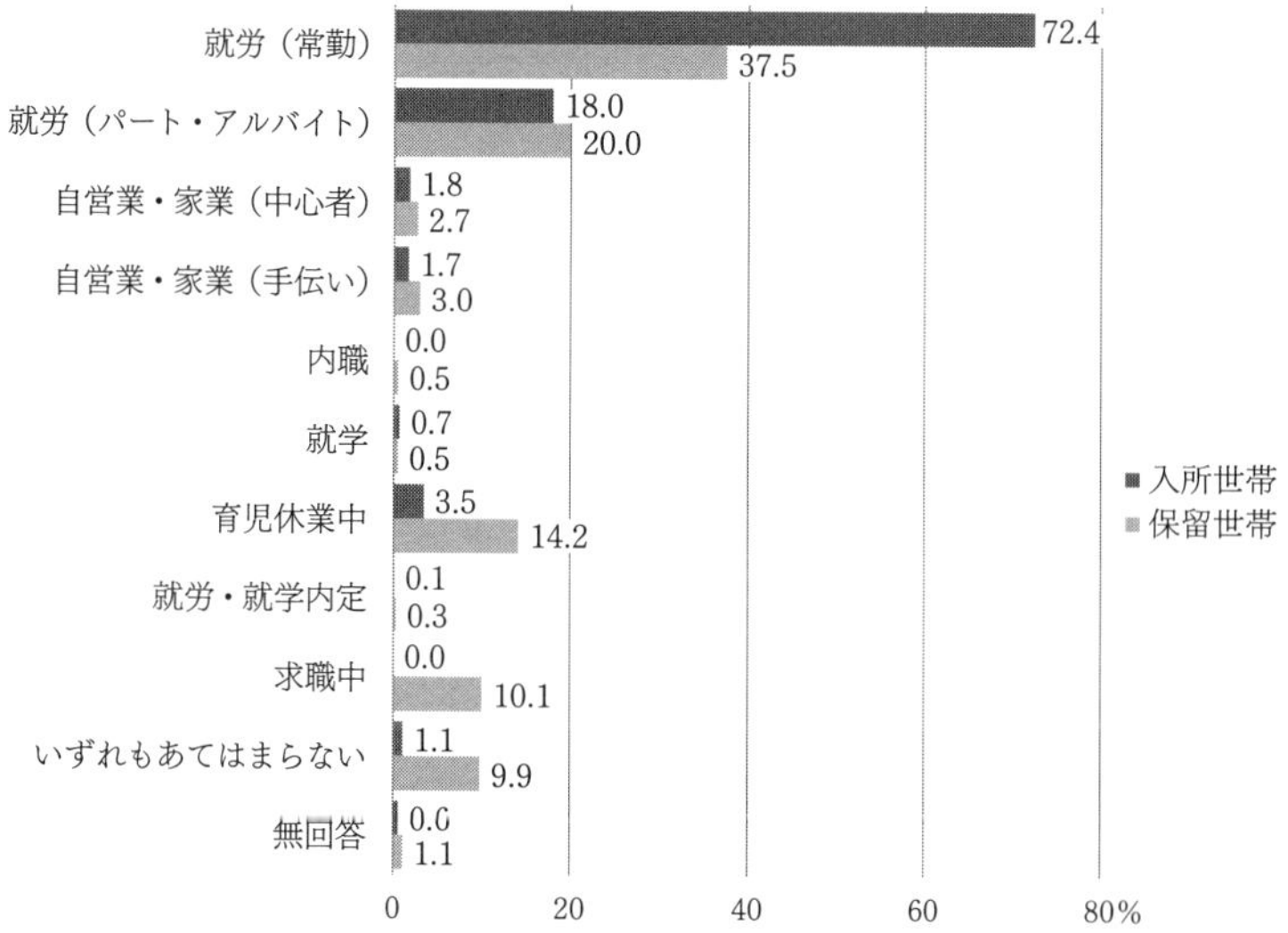

図 2–3　入所世帯と保留世帯の母親の就労状況（全世帯，回答時）

注：図の数値は，入所世帯・保留世帯ごとに，母親の就労状況の割合を示したものである．

九％）。同じように働きながら認可保育園に入れないのだから、やはり入所できなかった人の不満は強いだろう。

育児休業を取った人の明暗

入所申請時に育児休業中だった母親に限定して、状況を見てみよう。

ほとんどの人が入所後は常勤で働くことを目指していたので、申請時の利用調整指数にはそれほど大きな差がなかったと考えられる。もし半年後の一〇月時点で、入所できた世帯とできなかった世帯（保留世帯）で母親の就労状況に大きな差があれば、それは入所の可否が影響したといえるだろう。

申請時に育児休業中だったのは六六六世帯で、入所できたのは五三一世帯、保留になったのは一三五世帯である。入所世帯では約八七％が常勤、パート・アルバイトは九％だが、保留世帯を見ると、常勤は約五二％、パート・アルバイトが約七％、育児休業中が約二八％となっている（図2-4）。

保留世帯で育児休業継続中は三八世帯あるが、このうち一七世帯は積極的に育休延長をしようとしたケースで、「育児休業の延長には保育園入所の保留（待機）になることが必要なので、待機状態になるために入所申請した」と回答している。しかし、残りの二一世帯の母親は、入所できなかったために、しかたなく育児休業を延長したと考えられる。

保留世帯となった一三五世帯の状況を見ると、約四％（六世帯）が求職中、約九％が「いずれもあてはまらない（何もしていない）」（一二世帯）、つまり就労もせず求職活動もしていないと回答している。申請時に育児休業中だったということは、当然、元の職場への復帰を目指していたはずだ。それが半年後に求職中になっているということは、おそらく入所できなかったために、職場復帰が予定通りに進まず退職して、新たな職を探しているのだろう。また、「いずれもあてはまらない」人は、保留になったことをきっかけに退職し、求職活動もしていないという状況ではないだろうか。

整理すると、育児休業を取得して復帰を目指しながら保留となった一三五世帯のうち、一八世帯（約一三％）は退職し、二一世帯（約一六％）はやむなく育児休業延長中と、合わせて三九世帯（約二九％）が、その後の見通しの立たない状況に陥っていることになる。

また、A市では、認可外保育園でも条件や評判のいいところは年度途中で満杯になる。保留になった場合の育児休業の延長は二歳まで可能だが（二〇一七年九月までは一歳半までだった）、二歳になる

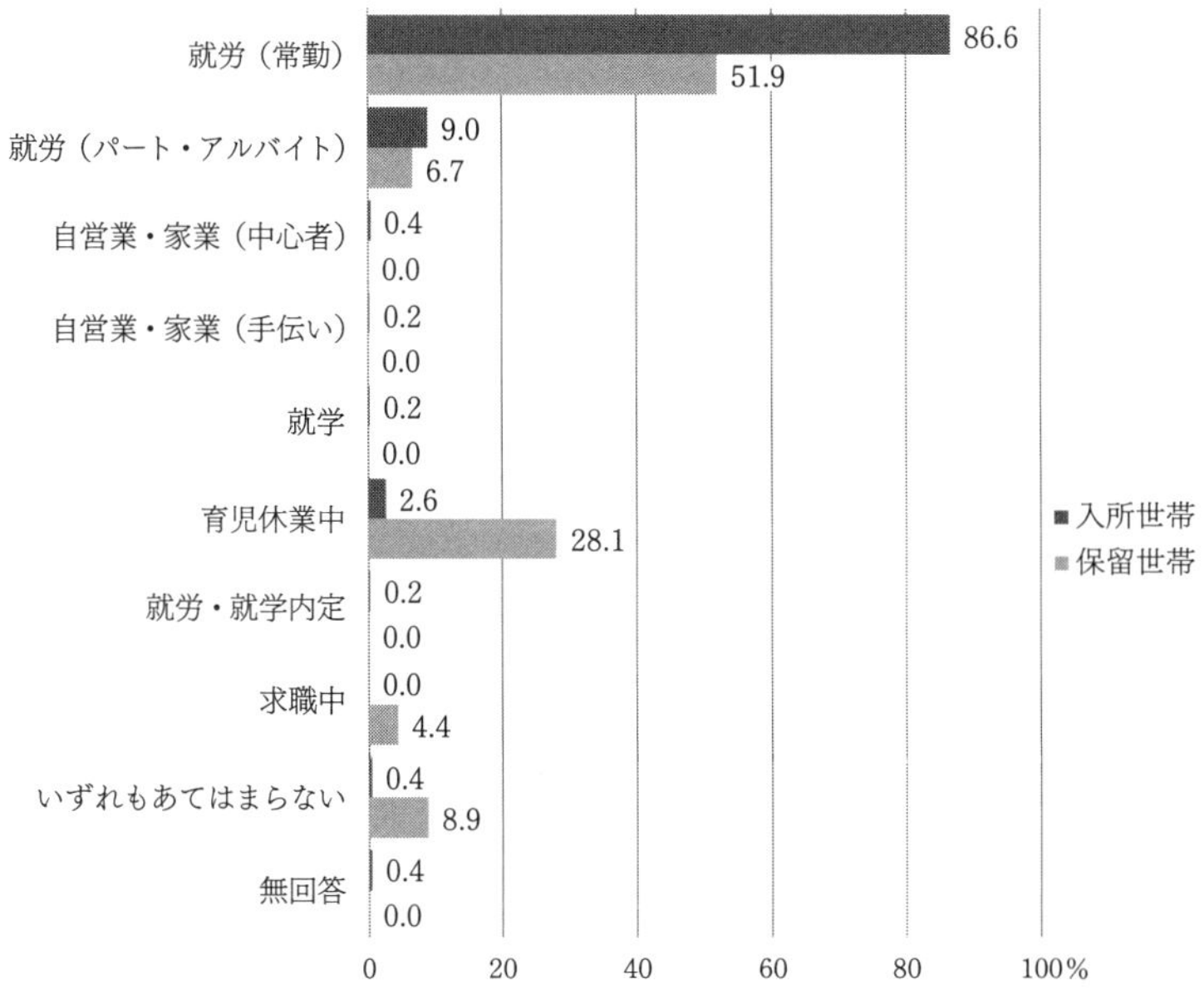

図 2-4　入所世帯と保留世帯の母親の就労状況（申請時に育児休業中だった世帯）

注：図の数値は，入所世帯・保留世帯ごとに，母親の就労状況の割合を示したものである．

のが年度途中であれば、A市でどこかに入所することは難しく、次の四月まで待つしかない。二〇一七年一〇月までに一歳半となり、「四月に入所できず、育児休業を一年半に延長したが、結局入所できず退職した」という人もいた。

三歳児の壁

子どもの年齢によって保育園への入りやすさに差はあるのだろうか。

いちばん入所しやすいのは〇歳児で、申請者の八一・五%が入所できている。しかし二歳児では五五・九%しか入所できていない。三歳児になると少し上昇して、六三・一%になるが、約三七%の人が入所できて

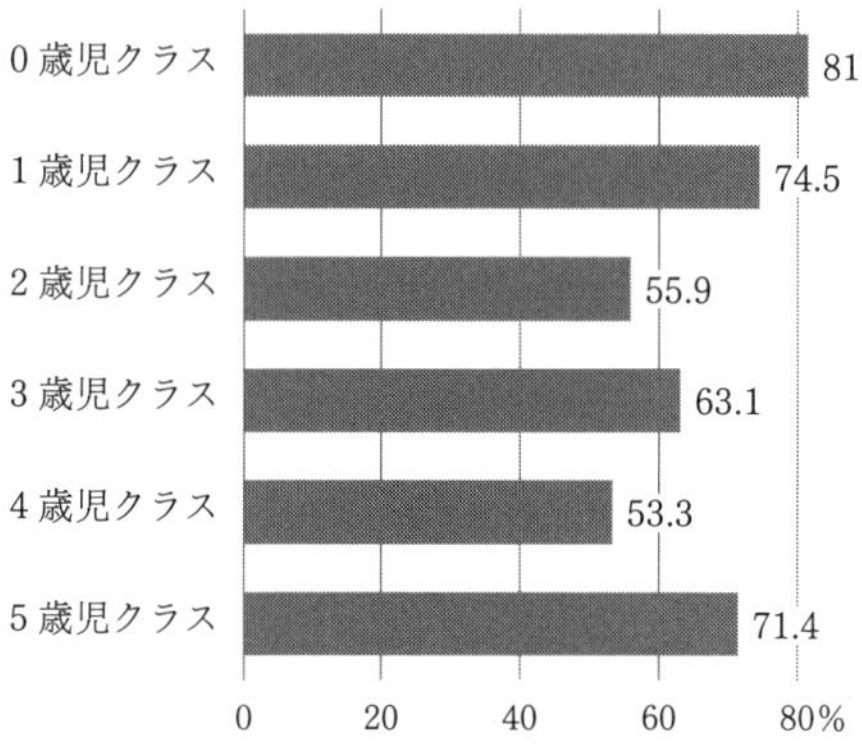

図2‒5　子どもの年齢別の入所率（年齢は入所時のクラス年齢）

いないことになる（図2―5）。

A市では、待機児童解消のために〇～二歳児だけを預かる小規模保育室を多く開設していて、そこを卒園する三歳児が保育園への入所申請をするが、全員が保育園に入れるわけではない。小規模保育室に子どもを預けながら働いていても、三歳から通う保育園がないと、その時にはもう育児休業もなく、親はにっちもさっちもいかない。認可外に通わせたり、幼稚園の預かり保育を利用したりする人もいる。あらかじめ三歳で保育園に入所できなかったことを見据え、前年の秋から入所申し込みの始まる幼稚園に入園金を支払って、入所枠を確保する人もいる。だが、これもまた新たな問題を引き起こす。それについては次の章で詳しく説明したい。

椅子取りゲームに勝つために

調査からは、保育園に入れるか入れないかが、その後の母親の就労状況に大きな影響を与えることがわかる。保育園入所は、限られた椅子を取り合う椅子取りゲームのようなものだ。多くの人が、ゲームに勝ち残るために、さまざまな工夫を凝らしている。

まず、申請時に就労日数を増やしたり一日当たりの就労時間を延ばしたりすることがある。調整指数の算定で最も重要なのは就労日数と就労時間であることはすでに述べた通りだ。多くの申請世帯で、父親はもちろん、母親の就労日数・就労時間を可能な限り引き上げている。

第二に、育児休業の切り上げである。申請者全員がいつでも希望通りに入所できる自治体は別として、年度途中で認可保育園に入所することは非常に難しいから、事実上、年度始めの四月入所が唯一の選択肢である。そのため、少なくない入所希望世帯は、育児休業期間の終了を待たずに、年度始めに入所申請をしていると考えられる。

そして、こうした作戦をあれこれ考えるのはもっぱら母親である。出産したときから、あるいは妊娠中から、書類を読んだり保育園を見学したり、するべきことは多い。そのため保育園への入所申請すること自体が、母親の大きな負担になっている。「育児休業中も気持が休まらなかった」という声もある。保育園入所申請をめぐってどれほど母親たちがストレスを受けているかは、３章の自由記述でも見ていきたい。

妻が働いていても、夫は食事を作らない

この調査では、家事育児の計一二項目について、母親・父親がそれぞれ「よくする」「ときどき

する」「ほとんどしない」「まったくしない」のどれに該当するかを尋ねている。

1章で見たように、日本の父親の家事育児の分担の少なさは他の国と比べても際立っている。母親が働いているかどうかで違いはあるのだろうか。母親の就労状況別に父親の家事育児分担について見てみよう。ただし、すべての項目が、父親ではなく母親が「よくする」こととなっている、母親がどのような働き方をしていようと、どの世帯でも家事育児の主な担い手は母親なのである。

まず家事分担については、①食事を作る、②食事の片付けをする、③掃除、④洗濯、⑤ゴミ出し、⑥買い物の六つの家事項目について、父親がどの程度行っているかを聞いてみた。それを(1)入所世帯で母親が常勤、(2)入所世帯で母親がパート、(3)保留世帯で母親が常勤、(4)保留世帯で母親がパート、(5)保留世帯で母親が育児休業中、という五つのグループに分けて、「よくする」父親がどれくらいいるか比較してみた(図2-6)。

すべての世帯で共通して、①食事を作るは、最も父親がやらない家事であり、逆に最もしている家事は⑤ゴミ出しである。

また、すべての家事項目について、父親が「よくする」割合が最も高いのは「入所世帯で母親が常勤」のグループであり、次いで、「保留世帯で母親が常勤」のグループ(ただしゴミ出しを除く)である。逆に低いのは、「入所世帯で母親がパート」や「保留世帯で母親がパート」のグループである。また、「保留世帯で母親が常勤」のグループは、「入所世帯で母親がパート」のグループよりも、父親が家事を「よくする」という回答割合がどの家事項目でも高い。

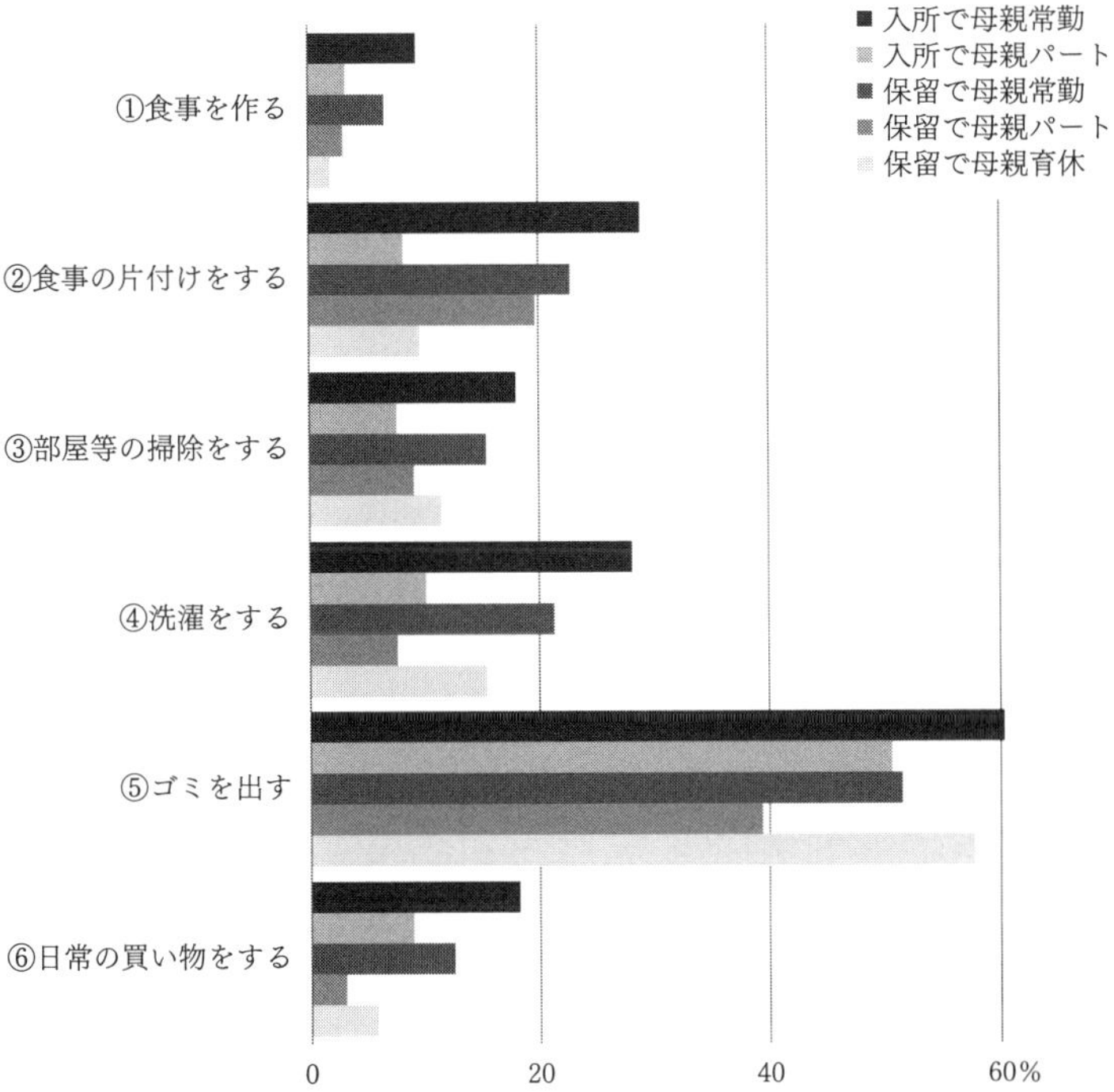

図 2-6　父親が「よくする」家事分担(世帯状況別)

調査から見えるのは、父親の家事参加は、保育園に入所できたかどうかよりも、「母親が常勤で働いている」のか「パートで働いているか」に左右されているということだ。

とはいえ、ゴミ出し以外の家事を父親が「よくする」と答えた世帯は、どのグループでも三〇%に達していない。とりわけ、最も負担が大きいと考えられる食事を作ることについては、相対的に父親の家事参加割合が高い「入所世帯で母親が常勤」のグループであっても、父親が「よくする」世帯は約九%しかなく、

③部屋等の掃除では一八％、⑥日常の買い物も約一八％と、きわめて低い。

父親の育児は楽しいことだけ？

では父親の育児分担についてはどうだろうか。①食事の世話をする、②おむつを取り替える（取り替えていた）、③入浴させる、④寝かしつける、⑤家の中で話し相手や遊び相手をする、⑥屋外へ遊びに連れて行く、の六つの育児項目について、父親がどの程度を行っているかを、家事分担と同じく五つのグループに分けて比較した（図2-7）。家事分担と同じく、入所・保留世帯ともに、母親が常勤の方がパートの場合よりも、父親が「よくする」割合が高くなっている。とりわけ「入所世帯で母親が常勤」のグループは、すべての育児項目において父親が「よくする」割合が最も高い。

また、家事と違って育児については、父親が「まったくしない」という回答はどのグループにおいても低く、多くの父親が何らかの育児に関わっているようである（ただし、④寝かしつけを除く）。

ただ、内容に目を向けると、父親が分担している割合が比較的高いのは、⑤家の中で話し相手や遊び相手をする、⑥屋外へ遊びに連れて行く、という項目であって、父親がよくやっているのは、子どもと楽しく遊ぶこと、なのである。

一方、①食事の世話をする、②おむつを取り替える（取り替えていた）、③入浴させる、④寝かしつける、といった、子どもの毎日の生活をケアする項目では父親の分担割合が低い。最も低いのは④寝かしつける、だが、これには父親の帰宅時間が関係しているだろう。遅く帰ってくる父親では、

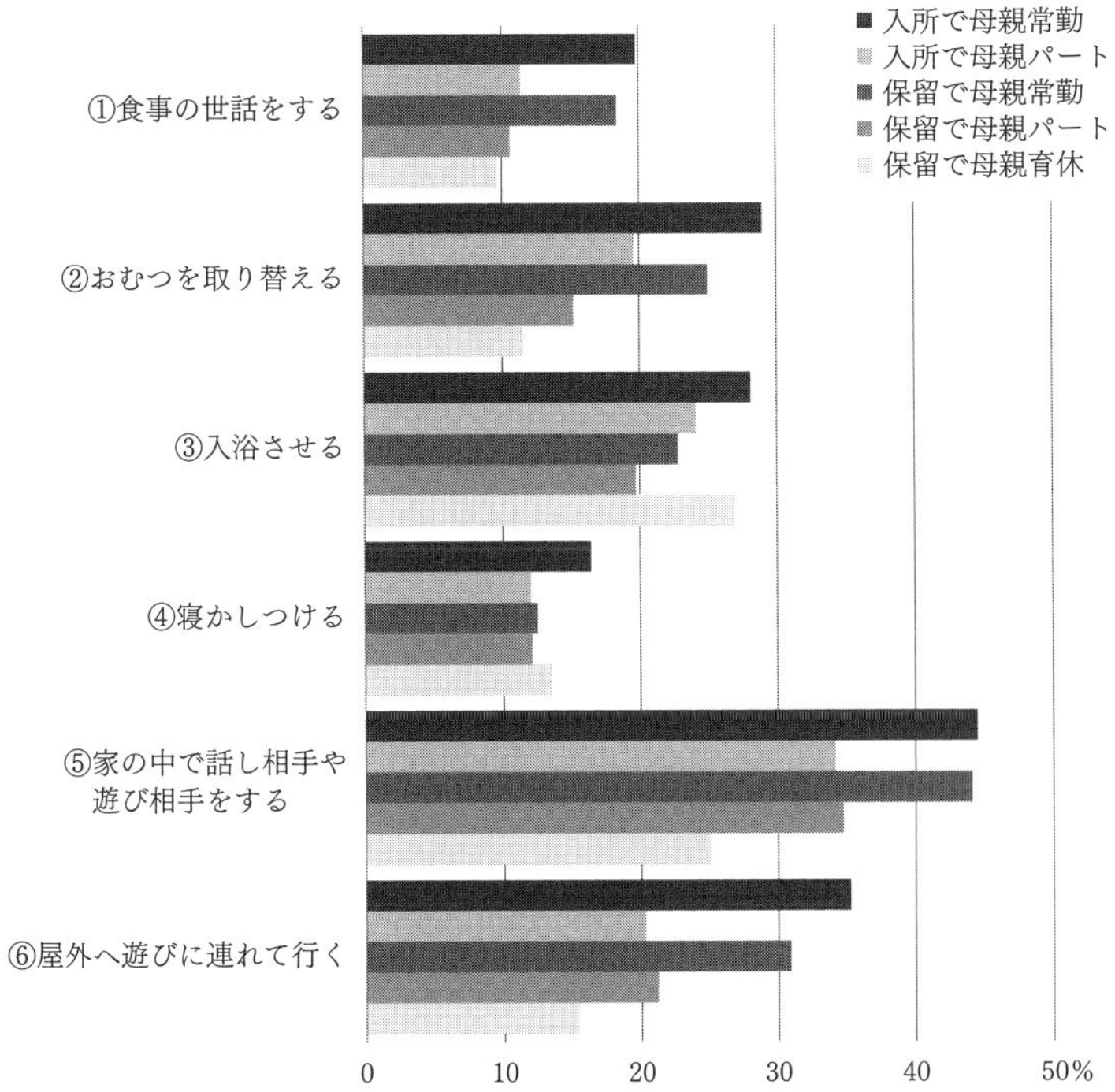

図 2-7　父親が「よくする」育児分担（世帯状況別）

寝かしつけの時間に間に合わないと考えられる。

調査から見えるのは、家事育児は母親が中心に担っているという現実であり、それは母親がフルタイムで働いていようと変わりがない。そして、この実状に対する母親の不満は強い。自由記述の中でも、最も母親の怒りやストレスの感情がこもった訴えが目に付くのは、父親の家事育児参加の少なさについてである。

母の抑うつ度と保育園入所

保育園に入れたかどうかは

母親の精神状態にも影響しているようだ。

調査では母親の抑うつ度についても聞いている。使用したのは抑うつ度を測る簡易尺度であるK6尺度というものだ。K6尺度は、(1)神経過敏に感じた、(2)絶望的だと感じた、(3)そわそわ落ち着かなく感じた、(4)気分が沈みこんで何が起こっても気が晴れないように感じた、(5)何をするにも骨折りだと感じた、(6)自分は価値のない人間だと感じた、という六項目について、過去三〇日間に、どれくらいの頻度であったかを聞くものである。回答者は「まったくない」(〇点)、「少しだけ」(一点)、「ときどき」(二点)、「たいてい」(三点)、「いつも」(四点)を選び、その点数を足し合わせて、抑うつ傾向を点数化する。つまり、最も点数が高く、抑うつ度が強い人は二四点、まったくない人は〇点になる。

平均値を見ると、入所世帯では約二・八点、保留世帯では三・八点となっている。一〇点以上を抑うつ状態の基準値として、一〇点以上の回答者割合を見ると、入所世帯では六・五%、保留世帯では一二・二%と、保留世帯の方が抑うつ傾向を見せる回答者が多い。自分ではどうしようもない保育園の入所の可否によって、自分のライフコースの見通しも立てにくくなってしまうのだから、精神的な影響を受けてもおかしくないだろう。

調査を通して言えることを整理すると、次のようになる。
- 認可保育園への入所希望者のうち、すでに常勤として働いている母親でも四人に一人、育児休業を取得し復帰を考えている母親の五人に一人は入所できていない。そもそも待機児童のいる状態では、常勤で働いている母親の継続就労を支えることも難しい。

- パート・アルバイト、自営業、求職者の入所率は低い。保留をきっかけに仕事を辞めざるを得なかった人もいる。一度仕事を辞めてしまうと、求職者の入所できる確率は低くなるため、再就職がさらに難しくなってしまう。
- 母親が常勤、パートにかかわらず、どのような働き方であっても、家事育児のほとんどは母親が担っている。それでも、認可保育園に入所できれば、母親が安定した常勤で働き続けることが保障されたり、子どもの保育環境が確保されることなどが、父親の家事育児の分担に影響を与えているのではないか。
- 母親の抑うつ度は、入所世帯よりも保留世帯の方が高い。

このように保育園に入所できたかどうかは、母親のその後の就労状況はもちろん、精神状態にまで影響を与えている可能性がある。

コロナが格差を拡大した

二〇一七年は、二〇〇〇年代で最も待機児童の多い年であった。二二年四月には、少子化の加速化とコロナによる預け控えで、待機児童は一気に減った。だが、それはわずか数年前に待機児童になり、自分の希望していたライフコースを歩めなかった母親には関係ないことだ。その母親たちはすでに大事なタイミングを逃している。一七年に待機や保留になった人たちが、それ以降どういう道を歩んだのかはわからない。そして、そのわずか三年後に始まったコロナ禍で、保育園に入れなかった母親たちはどのような状況になっただろうか。

ただ、コロナの影響は子育て世帯の状況によって大きく異なっていることは確かだ。正社員で在宅勤務でき、安定した状況を維持できた人と、非正規で仕事もなくなり収入が減った人や仕事を辞めざるを得なかった人もいる。しばらく待ってから再就職しようとしていた人も、コロナ下では希望を叶えるのは難しかっただろう。二〇一七年四月時点で保育園に入所でき仕事を継続できた人と、そうでなかった人の格差は、コロナでさらに広がったと考えられる。コロナ前の人手不足から、コロナで一気に経済が冷え込み、不安定な雇用の世帯ほど深刻な打撃を受けた。しかし実は、不安定な雇用になったきっかけは、保育園入所の可否かもしれないのだ。

もちろん保育園に入れたからといって、すべての問題が解決するわけではない。保育園に入れた人、入れなかった人、仕事を辞めた人、辞めなかった人、それぞれの悩みはその後も続いていく。

次章からは、調査で浮き彫りとなった母親をとりまく「壁」について、詳しく追っていく。

（1） 厚生労働省（二〇一七）「保育所等関連状況取りまとめ（平成二九年四月一日）」の「申込者の状況」の試算による
（2） 厚生労働省（二〇二二）「保育所等関連状況取りまとめ（令和四年四月一日）」の「申込者の状況」の試算による
（3） 横浜市（二〇二二）「令和四年四月一日現在の保育所等利用待機児童数について」
（4） 横浜市（二〇二二）「経験×データで待機児童対策のその先へ～保留児童対策タスクフォースによるデータ分析結果」

第3章

保育の壁
「子育て支援」が母を束縛する

保育園は「子育て支援」か「母の壁」か

「保活」という言葉をご存知だろうか。保育園に入るための一連の準備のことだ。具体的には、入りたい保育園について情報収集して見学したり、保育園への申し込みに必要な書類を集めたり、といった活動である。この準備活動を担うのは主に母親である。そして、保育園に入れるかどうかでその後の人生が大きく変わるのも母親であり、保育園に入れるかどうかを左右する大きなカギも母親の状況なのだ。

しかも2章で見たように、その保育園への入所申請そのものが複雑怪奇なシステムで、細かい入所判定ルールは自治体ごとに異なっている。母親たちは書類を読み込み、育児休業中に保育園を見学し、認可保育園に入れなかった時に備えて認可外保育園にも申し込みをするなど、考えられる限りのあらゆる準備をする。この時点ですでに母親たちはへとへとだが、保育園入所の可能性を高めるには、自治体の決めた優先順位に合わせて自分の働き方を変えるかどうかも迫られる。

多くの場合、新年度四月からの入所を目指すから(その理由は後で述べる)、その前年の一〇月頃から入所申請の受付が始まる。市役所の窓口はごった返し、子連れでは待ち時間だけでぐったりだ。さらに受験さながらに各保育園の空き枠と申し込み人数が張り出され、それを見ながら倍率によっては申し込む保育園を変更したり、あれこれ考えながらやっとのことで申請書類を出す。だが結果が出るのは翌年の一月か二月である。それまでの数カ月、母親たちはほぼ全員、入所できるかどうか、つまりは自分の今後の人生がどうなるのかわからないまま、不安な毎日を送ることになる。

保育園は、母親には欠かせない重要な子育て支援の施設だ。だが全員が希望する保育園に入れるわけではないことから、逆説的に母親を悩ませる存在になっている。少しでも入所可能性を高めようと就労日数・時間を長くするだけでなく、妊娠時期まで調整する人がいる。母親の子育てを応援するはずの保育園が、その煩雑な申請システムのために、母親を悩ませ、母親の働き方や復帰時期などを左右する「壁」になってしまっているのだ。

認可保育園・認可外保育園と幼稚園、そして認定こども園

母親たちが苦労して、市役所に「入りたい」と申請するのは認可保育園である。実はそれ以外にも保育事業にはいくつかの形態がある。二〇一五年に「子ども・子育て支援新制度」が始まり、保育施設も多様化している。

まず、〇～五歳までの就学前児童が通う施設として挙げられるのは、幼稚園と認可保育園である。幼稚園は基本的に三～五歳の子どもが通う「教育施設」で、標準的な教育時間は四時間だが、給食を提供し、午後や夏休み中も預かり保育をするところがある。四時間では、パート勤務には対応できるもののフルタイムで働く親にとっては到底足りない。預かり保育の枠も限られていたり、行事が平日に開催されるなど、基本的には母親が専業で育児することを前提に運営されている。

認可保育園は「福祉施設」であり、就労や病気療養中など、家庭で保育するのが難しい保護者に代わって〇〜五歳の子どもを保育する施設である。認可保育園には、「保育の必要性」があることを証明しないと入所申し込みができない。

さらに近年、幼稚園と保育園の両方の機能を持つ認定こども園という施設もできている。基本的には〇〜五歳の子どもが通うが、〇〜二歳児の子どもの預かりは義務ではない。認定こども園にはすべての子どもが通うことができるが、親が働いているなどの保育の必要性がない子どもは通常の教育時間で帰宅し、保育の必要性のある子どもは、その後も同じ施設で保育を受けることになる。

また、幼稚園は幼稚園教育要領、認可保育園は保育所保育指針として、子どもを教育・保育する場合に何が大事かについて、国が運営方針を定めている。実はこの二つは、預かる子どもの年齢が重なる三歳以上の保育と教育についてはほとんど同じ内容で、認定こども園はその両方の方針に沿って運営されている。

この他に、二〇一五年度からスタートした子ども・子育て支援新制度によって、地域型保育(認可保育事業)が設定されている。これには主に〇〜二歳の子どもを預かる小規模保育・家庭的保育・居宅訪問型保育(いわゆるベビーシッターで、障害や病気などにより集団で保育されるのが著しく困難な子どもなどが利用する)などがある。これらの保育事業も利用申請は市役所にする。子どもを少人数で預かるよさがあるものの、三歳になれば、あらためて新たな保育園を探さなくてはならない。そのため、認可保育園に入れなかった場合のつなぎとして申し込む人が多い。

また保育園には認可保育園と認可外保育園がある。「認可」とは、施設面積や保育士の人数など国の設置基準を満たし、自治体から認可されている保育事業である。「認可外」はその基準を満たしていないために、認可を受けていない。

認可保育事業には国や自治体から運営費が支給されているが、認可外には、基本的に行政から公的な運営費は入らない。ただし、地方が独自にやっている保育施設や、二〇一六年から内閣府が始めた企業主導型保育、事業所内保育施設も認可外保育事業である。

二〇二二年四月現在、認可保育園は二万三八九九カ所あり、利用児童は一九六万八三三三人、認定こども園は七八七一カ所で利用児童は六七万六八五八人である。一方、幼稚園は二二年五月現在、九一二一カ所で利用児童は九二万三〇八九人となっている。

本書で「保育園」というのは基本的に「認可保育園」を指している。

何歳なら入所できるのか

保育園は四月に新年度が始まる時に新たに入所者を募集するが、人気のある園では四月の時点で満員になってしまうことが多い。そのため、年度途中での入所の可能性はほとんどない。また四月に空きがあっても、途中で希望者がいればその空きも順次埋まっていくため、年度始めの方が入所の可能性が高いということになる。多くの人が四月入所を目指すのはこのためだ。

さらに入所できるかどうかは子どもの年齢によっても異なる。

認可保育園では、年齢に応じて保育士一人が担当できる子どもの人数が決まっている。〇歳児は三人、一～二歳児は六人、三歳児は二〇人、四～五歳児は三〇人である。そのため低年齢児の定員が少なくなっている。

仮に国の基準通りに子どもを預かる保育園を想定してみよう。

各年齢に保育士が二人いるとして、〇歳児が六人、一歳児と二歳児がそれぞれ一二人、三歳児が四〇人、四～五歳児がそれぞれ六〇人定員となる。年度始めに申し込む場合、〇歳児だと六人の枠があり、一歳児の場合は〇歳児からの持ち上がりがあるので、残りの枠は六人である。二歳児の場合は一歳児から一二人がそのまま持ち上がってくるので空き枠はない。三歳児は二歳から一二人が上がってくるから、残り枠は二八人ということになる。育児休業が延長できるのは二歳の誕生日まで、かつ二歳児の空き枠はほぼないという状態なので、職場復帰を目指す場合は、必然的に〇歳か一歳児の年度始めに申し込むことになる。

そして、多くの保育園では〇歳児は生後六カ月以降しか預からないが、一歳児以降になると一歳から二歳未満までと一年分の子どもが申し込める。〇歳児と一歳児では申し込みできる人数が違い、一歳児の方が競争が激しくなるので、〇歳児の年度始めに申し込むのが最も入所の可能性が高いということになる。

しかし、〇歳児の枠に申し込めるのは四月時点で生後六～一二カ月未満の子どもだけだから、年度前半の九月までに誕生していなくてはならない。つまり、一〇月以降に生まれた子どもは〇歳児保育には申し込めず、年度途中で一歳の誕生日を迎えるが、多くの場合、一歳児の空きはない。しかたなく年度途中で一度入所申請し、入所保留となって育児休業を延長し、翌年度開始の四月の一歳児保育に申し込むことになる。そして、こうしたケースは、育児休業を延長しているために待機児童としてカウントされないのである。もちろん、数は多くないものの産休明けから預かる保育園もあるので、育児休業が取得できない人などはそこに申し込むしか選択肢がない。

また、年齢が上がれば定員が増えるが、持ち上がりを除いた三歳児の新規枠には、前述した小規模保育など二歳児まで限定の保育施設に子どもを預けていた人や、子どもが三歳になるのをきっかけに仕事を始めようという人が申し込んでくるので、地域によっては入所競争も起きている。

一方、四～五歳になると幼稚園という選択肢もあるから、四～五歳クラスが定員割れしている保育園も出てきている。

必要なタイミングで入れない

このように、それぞれの事情に応じて、必要なタイミングで保育園に入れるわけではない現実が、多くの母親を悩ませている。もし、育児休業が取得できる期間に合わせて一歳の誕生日からなど、保育園に好きな時に入れる保証があれば、母親は安心して妊娠・出産できるだろう。実際、少子化の進行が早い一部の地域では「いつでも入所」が可能になってきている。無理して出産時期を年度前半に調節したり、育児休業を切り上げたりする必要もなければ、育児休業中に保育園に入れるかどうかで思い悩むこともない。会社にとっても、社員の復帰時期が明確になれば、その後の職場の体制の見通しも立つだろう。保育園に入れるか入れないかは、母親本人だけでなく、勤め先にも職場の人員のやりくりをどうするかという悩ましい問題をもたらす。それがさらに子持ち社員は迷惑だという状況を生み出してしまう。

また保育園の入所問題が解消すれば、仕事をしていない人でも保育園に子どもを通わせ、求職活動もできる。まだまだ妊娠を歓迎しない職場もあり、妊娠や出産をきっかけに、本人の意志とは関係なく仕事を辞めることになった人も少なくない。

「保活」は出産前から始まる

保活は妊娠中から、場合によっては妊娠前から始まるのが、とりわけ日本の都市部の実情である。子どもがほしいと思ったカップルが、「どの地域にどんな保育園があるか」「どの自治体なら保育園に入りやすいか」と考え出した時に、保活はすでに始まっている。その上、何月に生まれるかで入所も左右されてしまう。

ここに紹介する自由記述は、一〇月以降の出生のために〇歳児保育に申し込めず、一歳の誕生日に一歳児保育への入所申し込みをしたものの入所できなかった典型的な例である。

一一月生まれだからか、一年後の一〇月入所で申し込みをしても入れず、四月(一歳四カ月)入所でも一歳児になっているからか、やはり入所できませんでした。三歳のきょうだいも保育所入所を希望したのですが、やはり入所できず。

実際の入所申し込み〆切が一一月なので五月生まれの子どもの場合は半年近く保活期間がありますが、一〇月生まれの子どもは一カ月、、、産後すぐの保活は難しいので、実質産後の保活は難しいと思います。……保育所入所は四月を逃すと可能性が極端に低くなってしまうので、その辺りもう少し親子がゆとりを持って保活できるような制度になればいいなと感じています。

結局は第一志望の園に入れましたが、結果がわかるまで、そわそわしました。もう少し早目に結果を教えてもらいたいです。あと四月にしか保育園に入れないのは、早生まれの子たちにとって不利なのでなんとかしてほしいと思います。

また、多くの自治体で次年度の入所申し込みの締め切りは一一月頃なので、一〇月生まれの場合、産後の「保活」期間がほとんどないことになる。新年度の入所申し込みは出産前から可能だが、産休に入るまでは平日の自由時間も少なく、産休に入ってからは出産直前で保活どころではないだろう。保活の有利不利は、いつ妊娠するかということとも深く関わっているのだ。

保育園の入所選考では、「保育の必要性」の高い人から入所することになっている。A市を含むほとんどの自治体では、両親の週の労働日数が多く、一日当たりの労働時間が長いほど保育の必要性が高く判定される。短時間勤務制度や部分休業制度などを利用すると保育の必要性が低くなってしまうので、ほんとうは使いたくても、制度を利用しなかったという人たちがいる。仕事と子育ての両立を支援する保育園に入るために、その他の子育て支援制度を利用できないという、奇妙な状況になっているのだ。

母親の職場の制度として部分休業（週五日ではなく週三日ｅｔｃ．）や育児短時間勤務（フルタイムではなく七時間or六時間就労ｅｔｃ．）など勤務形態は選択できるということだが、保育所入所に係る点数や勤務先の他の人との兼ね合いで結局は、これらの制度を検討していたがフルタイム就労を選択せざるをえなかった。

家事と仕事の両立をするために時短をとりたいが、そうすると、点数が低くなってしまうので八時間／日以上働かざるをえない。フルタイム正社員で働くのも時短正社員で働くのも保育の必要性としては変わらないので、そこで点数の差をつけるのは厳しい気もします。

職場に子育て支援の体制がととのっていても、それ（育児短時間制度）を利用すると保育所に入れなかったため結局フルタイムで育休から復帰することになった。

しかも、入所の可能性が高そうな保育園に狙いを定め、やっとのことで条件を整えて申請したとしても、実際に入所できるかどうかはわからない。母親たちは安心して育児休業も楽しめず、自分の人生が今後どうなるのか、不安感で押しつぶされそうだ。

保育園入園までの不安感はどうにかしてほしいと思った。役所の人は事務的にというのが頭では理解できているが、やはり精神的に大きく影響する(入園できるか否かによって働けるかどうかが決まる)ので、そこの問題をどうにかしてほしい。

A市は職場復帰のために保育所を利用したいと思っても利用できるかどうかとても不安で育児休業中に精神的に不安定になり、子どもに当たってしまうこともあります。育児休業中とてもつらい。

せっかく子を産み、育児休業をもらっていても、「子どもはどこに預けることになるのだろう?」「そもそもその先はあるのか?」ということが常に気がかりである。よって仕事復帰後のビジョンもなかなか描きにくい。子どもの預け先の選択肢を増やすことが、仕事と子育ての両立にもつながるのでは、と思う。

昨年二月認可保育所(四園)に落ち、そこからあわてて認可外の見学・申込みに行きました。通える範囲を考えて七~八カ所は回りましたが、「一〇~二〇人待ち」「おそらく無理」とことごとく断わられ、三月中旬に最後に見に行った認可外にすべり込みで入所できました。その後、認可から内定通知が来て現在は認可に通っています。正直、今やっと落ち着いて保育所に通って、私も仕事に行っています。長い道のりでした。入りたい保育所に入りたいタイミングで入り、仕事復帰できる世の中になればいいなと切に願います。

むりやり育児休業を切り上げる

入所のための算段はさまざまだ。保育園への入所の競争が厳しい都市部では、年度途中での入所が難しいため、育児休業を一年間取得できる場合でも、年度始めに合わせて切り上げる人が多い。

育休制度は三年ありましたが、保育所入所状況が一～二歳児ではほとんど入れる見込みがなかったので、生後九カ月で〇歳児入所せざるを得ず、育休を早期に切り上げて復職しました。せっかくの三年育休が取得できなかったので、長期育休の加算〔注：入所指数への加算と思われる〕などがあればよいと思います。もしくは一～二歳児でも安心して入所できるようにしてほしいです。

待機児童が多いので、保育所に入所できないかもしれない不安から、育休を早く切り上げて無理して〇歳から預けました。もう少し保育所の受け入れ人数を増やしてほしいです。

保育園は四月入所じゃないと入れないので育休を早めに切り上げました。定員オーバーで大変とは思いますが、子どもが一歳になるまでは一緒に過ごしたかったです。

この母親たちの場合、短くなったとはいえ一定期間は育児休業を取得することができ、年度始めから保育園に入れたのだから、ぜいたくな悩みと受け取られるかもしれない。しかし、柔軟に期間を設定できるはずの育児休業制度の活用を「保活」が阻んでいる現実がある。

四月入所の一歳児の枠は、育児休業から復帰するフルタイム就労者同士の競争になってしまい、誰が入れるかどうかがまったくわからない。A市の入所ルールではすでに待機児童となっている世帯が有利になるので、年度途中で入所申し込みをして、あえて待機児童になり、認可外保育園に預けて職場復帰し、入所予定の四月まで六カ月以上フルタイムで働く人までいる。

どうしても四月入所でないと入園できないというのが強いので、夏や秋生まれだと一歳に満たない月齢で入園&職場復帰しないといけないのが、精神的にも肉体的にもしんどいです。待機児童の問題と合わせて、入所予約制度(?)のようなものがあればいいのにと思います。育児休業は一年取れるのであれば取りたいので。

私の子どもは四月に認可保育所へ入ることができましたが、保育所へ入るために、時短をほとんど使わず育休を切り上げて復帰したり、A市内の最寄の認可外がすべて満員だったのでB市の認可外まで預けたりと、とても苦労しました。

育児休業を取得すると、最初の六カ月は給与の六七%が育児休業給付金として給付され、社会保険料の自己負担も免除なので、実質的には給与の約八割が給付されることになる。一方、早期に復帰して働き出すと、給与を得てはいるものの社会保険料や保育料等の支払いがあるので、実質的な手取りは育児休業給付金より少なくなる場合もある。

保育所入所について、一歳児や年度途中での入所は非常に厳しいと聞いたので、妊娠中に入所申請をして、生後数カ月で四月入所することになった。〔略〕保育所に入れたのは嬉しいが、がんばって早く復帰したのに、育休をしっかりとっている人の方が金銭的にも優遇されていることに、がんばって働いていても虚しさを感じてしまう。

自営業・非正規雇用の母親の悲哀

先に見たように、自営業の人の方が正規雇用の人よりも出産後の就業継続率が高い。しかし自営の場合、中心者でなく手伝いだと保育の必要性がフルタイムで勤務する人より低く判定されるので、保育園への入所では不利になる。

また、A市では育児休業から復帰する人には入所の際の加点があるが、自営業やフリーランスにはそもそも育児休業制度がなく、非正規雇用では育児休業を取得するのは難しい。つまり、正社員で育児休業を取得できる〝恵まれた人〟の方が、自営業や育児休業が取れない人より保育園に入りやすいのである。これまで仕事と子育ての両立を支援するためのさまざまな制度が導入されてきたが、それを利用できる人とできない人がいる。ここにも格差があるのだ。

父：自営業、母：自営手伝いのため認可の保育園への入所が難しく、無認可の保育園へ入所しています。

私は国家資格者として自営業を営んでいるのですが、仕事と子育てを両立させるため、出産後も育児休業を取得する制度すらない中で、お客様にご迷惑をかけては申し訳ないとの一心で、生まれて日も浅い子を連れ職場に行き、授乳しながら仕事をし、仕事量を以前のようにこなせない分、寝る間もなく過ごしてきました。にもかかわらず、育児休業を取得している人（育児に専念できる人）に「加点」が＊点もあり、ちょうどその差で第一次の入所はできないとの通知を受け取りました。〝保育園に入るまでは！〟とボロボロになりながら必死で仕事と育児を両立しておりましたので、この通知を受け取った時は国の方針に対して悲しくて涙が止まりませんでした。

自営業者と育児休業明けの会社員で、点数が著しく差がつくのも非常に不公平です。保育所入所の判定基準について多様な働き方に公平な制度であってほしいです

地域によって母親の就業率には違いがある。むしろ自営や農家などの多い地方では働いている母親が一般的で、専業主婦比率が高いのは都会である。A市は都市部郊外で専業主婦比率が高く、そもそも子どもの人口に比して保育園が少なかった。ところが近年、急速に母親の就業率が上がり、保育園の整備が追いついていない。一方、以前から多くの母親たちが働いていて保育園も多かった

上に、近年は少子化が進み、誰もが好きな時期に保育園に入れるような地域もある。同じ日本の中でも、どこに住んでいるかで保育園の入りやすさは大きく違う。

私は地方出身です。個人的なことになりますが、自分が育った地域は農業が主要産業であったため、子どもをもつ母親が働くことは特別のことではありませんでした。自分が母親になったときも、自然に「働きたい」と考えていました。しかし、昨年、保育所入所のために大変な苦労を経験し、なぜこんなに働きにくいのかと悩みました。入所を希望していた保育所で見学希望者が多すぎるからと見学を断られたこともありました。入所をするために少し無理をして勤務日数を増やしたり、予約がとれるかどうか不確実な一時預かりを利用したり、認可外の保育施設を利用しなければならなかったりと、困難に感じた点をあげれば枚挙に暇がありません。私は非常勤の仕事に複数従事していますが、私を含め多くの非正規雇用労働者には育休や産休の制度が十分でないことは周知の事実であるのに、保育所入所は正規雇用者と同列に扱われることも疑問でした。〔略〕納得がいかない部分がありましたが、仕事に就きたいという希望を持ち、それをA市で実現させたいのであればしかたがないと思うほかありませんでした。

求職中だといつまでも認可保育園には入れない

保育園入所において圧倒的に不利なのは、仕事を探している最中の人である。2章で見たように、このA市の調査では、求職者は四割弱しか入所できていない（三八頁・図2-2）。仕事を続けたかったが、妊娠したことで退職しなければならなかった人もいる。中にはすぐにでも働かないと生活が立ち行かない人もいるが、保育園に入れなければ職探しもできず、子どもの預け先が決まっていない人を会社は採用しない。しかし、仕事が決まっていなければ保育園に入るのは難しい――。こうした堂々めぐり、八方ふさがりの中に求職中の母親はいる。せっかく仕事が決まったにもかかわらず、保育園に入れずに仕事を断った母親も少なくない。

早く働きたいけど保育所は入れないし、認可外も一時保育も近くにない。〔略〕育休など手当がもらえる人が優先的に保育所に入れて仕事もできて、やむをえず仕事をやめて早く働きたい人が後まわしなんて不公平だ。

私は求職中に保育所利用申込を行いました。就活中は何社か面接の機会をいただきましたが、私の状況を見て必ず聞かれるのは「お子さんが保育所に入れなかった場合、どうされますか？」ということでした。経済的に苦しいから仕事をしようとしているのに、認可外に高額の保育料を払うという選択肢はなかったので、のらりくらりと答えるしかなく、このような質問を受けたところはすべて不採用でした。

たとえ求職中の身でも、子どもを預けられるように、もっともっと受け皿を増やしていただかないとハローワークなどに自分で仕事探しへ出られない（保育園に預けられなかったので、日々子どもと一緒なのでハローワークなどへ連れていけない）。一時保育のサービスがある保育所をもっと増やしてほしい。

保育園に申込時点で求職中だとなかなか保育園が決まらず、保育園に落ちてから仕事の連絡が数回あった。タイミングが合わず働きたくても働けないのが現実。子どもとの時間を確保するために働く時間は少なめに九〜一四時くらいにしたいが、保育園の申込条件が週二〇時間労働なのは多いと思う。友人でも週二〇時間だと子どもとの時間がなくなるので、一四時お迎えくらいで働きたい人がたくさんいる。扶養の範囲内で働くとほぼ保育料でパート代が消えてしまい、働く意義を感じないという友人も多い。

求職中の人は、ずっと保育園に入れない(待機児童)。仕事が決まってないと保育園に入れないが、仕事場の立場からしたら、保育園が決まっていないのに就職内定とはできない。その辺が矛盾していると思う。産休をひっぱってひっぱって、意味もないのに保育園入れてる人なんていっぱいいるのに(その後やっぱり休めたり)本当に働きたいと思っている人たちは全然働けない。今はまた妊娠したため保育園希望はやめているけど、三子が産まれて働くまでに時間がかかると思うと(保育園入れないため)お金の面で不安になってくる。どの辺が少子化対策なのかわからない。一子だけで保育園預けて、ずっと仕事続ける人の方が「えらい」世の中の定義になってる。

A市の入所ルールでは、求職者はすでに働いている人に比べて優先順位が低く、審査の最後の段階にならないと世帯年収の低さが考慮されない。それも他の審査項目では差がつかなかった場合である。認可外保育園に子どもを預けて働くにしても、パートの時給で割高な保育料を払えば、ほとんど手元に収入が残らないこともある。それでも認可保育園に入れる見込みがあれば我慢もできるが、いつ入れるのか見通しがなければ、認可外に預けて働き出す決心もつかない。再就職のめども立たずに時間がどんどん過ぎてしまう。こうして働き続けられる人といったん仕事を辞めてしまった人の差は広がるばかりだ。

親の年収の額は点数化されないのでしょうか？　我が家は主人の年収だけでは生活がギリギリなのですが、無認可や小規模を利用するお金のゆとりもなく、稼げる人がどんどん稼いでいる、、、という印象です。

出産後も家計が厳しいために働きたいお母さんがたくさんいると思うが、保育所に預けるには、育休などを取っているお母さんが優先で、今から働きたいお母さんは子どもを預ける場所がないので働けない状況がある。〔略〕お母さんは仕事と家事と育児の両立をしていて、心身共に疲れている人が多い。

複雑で不公平な椅子取りゲーム

申請者に〝ルールに基づいた優先度をつける〟ということで始まった入所選考システムが、どんどん複雑になっていき、矛盾や不備があらわになってしまっている。ここに紹介している母親たちは、A市の入所申請書類をよく読み込み、どういう人が高い指数を得て入所しやすいかを十二分に理解している。だからこそ、「そんな細かい、ささいな違いで、入所できるかどうか決まる」ことに不満を持っているのだ。

入所審査のルールの狭間に落ち込んで、保育園を退園してしまうことになった人もいる。

二〇一七年四月に第二子を出産した際、それが原因で第一子が入っていた保育園を退園しなくてはならなくなりました。これは、希望した時期に待機となり、入園が六カ月もずれ込んだため保育の要件が自動的に「出産要件」になってしまったからです。母である私は出産に関係なく個人事業主として仕事をしているにもかかわらず「出産要件」と見なされるのは現実に即していません。出産二カ月後に強制退園させるのではなく、「出産二カ月後に保育の必要性を改めて判定し、必要なければ退園させる」に変えてほしいと思います。

また、A市ではきょうだい入所を優遇しているため、運よく一人目が希望する保育園に入れた人と入れなかった人では、次の子が優遇されるかどうかまで違ってくる。調査とは別に、著者がインタビューした人の中から一例を紹介すると、その人は、第一子の認可保育園入所には大変な苦労をしたが、何とか入所できた。第一子が保育園にいる間に第二子を産めば、その子はほぼ確実に入所できるので、計画的に出産し育児休業を取得した。第二子の時は育児休業中も不安感なく、ゆったり過ごせたという。だが逆に第一子が希望通り入所できなかった人は、いつまでたっても安心して働くこともできなければ、第二子を産むことも難しくなってしまう。

最も困っているのは、希望する自宅近くの保育園にまったく入れないことです。ふつうに働いて(フルタイム)いる共働きの点数では入れず、何かしらの加点(きょうだい、卒園、ひとり親etc.)を二つ以上満たしていないと入れない点数がボーダーラインとなっており、途方にくれています。一生に一度しかない大切な子育ての機会なのに、保育所への入所が困難なために、子どもと本来一緒にすごせるはずの時間を犠牲にし、さらに遠方の園に通わなければいけない(入れただけマシですか?)という現実は受け入れがたく、納得がいきません。

きょうだいが優先され入所できるやり方を撤廃してほしい。なぜなら一人っ子でも保育を必要とする人が多くいるわけで、〔略〕優先されると一人っ子はとうてい入所が無理なため。

毎年保育所の入所に悩まされています。入所できないと仕事(今働いている)を辞めないといけないが、辞めてしまうと点数は下がりさらに入所が厳しくなる。新しいところに面接に行っても子どもを預けられるか不明な人を積極的に採用してるところがあるのか、、、と思います。今の職場では間違いなく敬遠します。キレイ事では仕事はできないのでしょうがないと思いますが、自分が立つ立場によっては、ほんとに厳しい現実です。少しでも預けられない期間ができることで、長期での勤務が難しいんです。じゃあ無認可とか遠いところとか預ければ?と思うと思いますが、お金が高くて働く〔意味が〕ほとんどなくなるとか、お迎え時間が間に合わないとか、預けにくい理由もあります。そして環境も整ってない信用ないところには我が子を預けたくない思いもあります。第一は保育園を増やしてほしいですが、質の良い園ができるためにも、保育士さんの給与をもっと高くしてあげてほしいです。

入所できる見込みのない人の絶望

待機児童の多さを目の当たりにして、もはや自分の子どもは入れる見込みがないと、あきらめている人たちもいる。本来、保育の必要性が生じるのは親が働いているからだけではない。専業主婦であっても、自身の病気や家族の介護などによって保育の必要性が生じる場合もある。また、出産については、産前から産後にかけて八週間預けられることになっている。しかし、そのような必要に応じた柔軟な利用が可能になるには、保育園の定員枠が常に空いていなければならない。

子どもが今年五歳で昨年から働き出し、保育園を入所希望していますがまったく入れません。母子家庭で勤務証明を出しているにもかかわらず、私自身も父親しかおらず、父親はフルタイムで働いているため見てもらうこともできません。職場で子どもは毎日八時間近く一人で待っている状況です。

保育所に入所希望している人が皆、入所できるようにしてほしい。少なくとも絶望的でない程度に改善してほしい。産休育休のとれない職場で、二子を妊娠したのを機に仕事をやめ、せめて産前産後の数週間だけでも上の子を保育園に入れられたらどんなに楽だったか、、と思う。頼れる親も近くにおらず、夫も長期不在の中、目の前がまっくらになった。上の子にもたくさん迷惑をかけたように思う。市の(特に保育所関係について)何も期待してはいけないのだと思った。本当にしんどかった。

三人目の産前産後で上の子どもの保育園を申し込んだが、働いている人が優先と言われ、案の定入れなかった。働いている人ももちろん入所させるべきだが、産前産後も本当大変です。どのような条件がそろえば入所できるのか謎です。

A市に越して、一年間保育所を待ちましたが無理でした。週三のパートのため、入りにくいのはわかりますが、一時保育など利用して市にも相談に行きましたが、全くもって親身に聞いてくれる方もなく、パート以外に介護認定五の母も姉と一緒に見ていく中、誰も何も言葉もなく、週五で仕事をするママ以外はどうにでもなるでしょと言われることばかり、正直資金不足で引っ越しはできませんが、二度とA市に住みたくないです。

とにかく待機児童を減らしてほしいです。一時預かりは予約も大変で、予約がとれないと姉(上の子)の療育や通園に行けないこともあります。介護は本当に大変です。せめて下の子を保育園に入れてもらえるととても助かります。待機児童の件なんとかよろしくお願いします。

何年待っても入所できなければ、母親は、自分自身の人生の未来がどうなるのか描けないままだ。子どもを産むことによって自分の人生の選択肢が失われてしまうために、子育てにおいて幸せな感情よりもネガティブな感情を持つことになってしまう。

少子化で三人も産んでも負担が大きい。できることならばもう一人ほしいところだが、メリットがなくふみとどまる。……お金に困る、働きたい、子ども預けられない、お金はなくなる一方、子どもにイライラさせている状況を作っているのは市や県のせいだと思う。何年も保育園に入れてくれない。祖父母にも限界がきて、働いて待つという選択肢はなくなった。子どもは大きくなるし、働きたい気持も増すが預けることができない。

壊される母のキャリア

保育園に入れなかった人の職業人生はどうなるのだろうか。自由記述には、その後仕事を辞めることになった人たちの嘆きが溢れている。これまで自分が一生懸命やってきた仕事やキャリアが、保育園入所の可否で理不尽に断ち切られるという事態に、子どもを産むことが母親にはリスクになってしまっている現実を物語っている。

どの国でも母親になると仕事をセーブしたり辞めることになったりして、母親の収入は減ってしまう。子どもができてからは家事育児の負担があるため、労働時間も短くなる、昇進しにくくなる、キャリアが分断される、せっかく蓄積した職業人としての能力が陳腐化してしまう。そして結局、母親になった女性はそうでない人に比べて生涯賃金が低くなる。これを「子ども罰(チャイルド・ペナルティ)」ともいう。だが問題は生涯賃金が下がるということだけではない。子どもが保育園に入れるかどうかの見通しが立たない状況は、母親が自分の人生の自己決定権を失うことでもある。

保育所に入れなかったので仕事を辞めました。

自営業だからと時間や休みが確保できるわけではないですよね？　自営だからこそ仕事に穴をあけると職をなくします。もう少し共働きの家庭に優しければなと思います。〔略〕ま－、もうあきらめましたので、母である私は仕事を今年度で辞めます。今まで頑張って仕事をして市民税もおさめてきましたが、このような結果になって残念です。

転勤族の妻の人生も夫の転勤、つまり夫の会社の都合に翻弄されている。夫の転勤によって働く期間が細切れになり、出産すれば育児休業も利用できずに退職せざるを得ず、無職になれば保育園には入れない。子どもを抱えていては仕事探しができず、仕事が決まらないと保育園に入れないという悪循環の始まりだ。

転勤(夫)からA市に戻って妊娠がわかり、半年間しか働けず、育休もとれず、転勤前も働いていたのにすごく不平等感を感じた。別に仕事をやめたくないけど、やめる以外の選択肢がなかった。育休の人はお金が支払われるし、保険も優遇され、なんかな……。そして、次に働くところを見つけるのが、保育園が決まらないことには、なかなか決まらない状況で、転勤族の妻は働くなということなのか？　そういう人こそ先に保育園に入れるような仕組みがほしい。

保育園二年連続ダメでした。二〇一六年四月入園を目標に二〇一五年一二月までに＊＊〔地名〕から入園申請→八〇〇人まちでＮＧ。二〇一六年三月に引っ越してきて、昨年一時保育（日によってあずかってもらえない、迎え時間早い）で両立がむずかしく、正社員としては＊＊でみつけた就職先を退職せざるをえなかった。今年もダメでした。フルタイムで仕事をしている人向けに、幼稚園の施設で保育園並みにあずかる部屋を設けてはいかがでしょうか。私のような人がもう出ない状態が理想だと思います。

保育園に入れなかった上に、子育てに理解がない職場で短時間勤務ができないために、正社員からパートやアルバイトにならざるを得なかったケースもある。しかたなく空きのあった幼稚園に預けたが、保育時間が短いため仕事との両立が難しく、正社員で働くことをあきらめたという悲痛な記述もあった。

保育施設がもっと充実していれば（保育園に入れていれば）正規社員として働くことができまし

た。でも専門職のキャリアを生かしたいので何とかパートで仕事を続けています。

昨年、保育所に入所できなかったことで、正社員の道をあきらめざるを得なかった。たった一五分働けないことで、アルバイト勤務になった。収入や業務内容は激変したし、今後正社員に戻れる見込みもわからない。時短勤務が法律で、小学校入学まで使えたり、フレックスタイムが使えたら、そのまま正社員として勤務ができたのに……と思う。また待機児童が増えているが、実際に入所できるのは短時間の扶養範囲内のパート世帯だったりで、〔略〕パートであっても入所できたり、きょうだいがいれば、平日休みに子どもを保育所に預けて、自分の時間をもてる人が入所できたりと、理解できない。今も幼稚園に預けてフルでパートしているが、預かり時間も短く、休みも多いため、仕事との両立は難しい。

育児休業を延長しても入れない！

保育園に入れず待機になった場合は、二〇一七年一〇月までは一歳半まで、現在は二歳まで育児休業を延長することができる。しかし、延長したからといって必ず保育園に入れるわけではない。新年度の四月に入所できず育児休業を延長したものの、結局、入所がかなわず退職した人もいる。子どもを育てるにはお金が必要なのに、母親が働けなければ将来の不安は増していく。

いったん出産で無職になれば保育園に入れないし、そのまま数年たつと子どもは幼稚園に通うようになる。子どもの送り迎えや夏休みなどの長期休暇があり、子どもが大きくなったからといって再就職しやすくなるわけではない。後で取り上げるが、子どもが小学校に入る時には、さらに大変な「小一の壁」がある。あっという間に母の職業人生には何年ものブランクが空いてしまうのだ。

育休延長をし、保育所待機していましたが、結局入れず、延長も終了し仕事を辞めざるをえませんでした。〔略〕共働きできないと、生活、今後の子どもの学費が心配になる現状で、どのようにしたら保育所に入れるのか、教えてほしかったです。

一年半育休を延ばしても認可保育園に預けられませんでした。結果退職となってしまいました。何度かお電話や直接市役所に聞きにも行きましたが親身になって対応して頂けることがほとんどありませんでした。もう少し育児休業の給付金の手続きについてなど勉強された方がいいのではないかと思います。

認可保育園に落ちれば保育料は高額に

認可保育園に入れず、しかたなく幼稚園や認可外保育園に子どもを預けて働く場合、幼稚園の保育料だけでなく預かり保育料も支払うので、負担は大きくなる。

二〇一九年一〇月からは、三歳以上には幼稚園、認可外保育園の利用者にも上限三・七万円の利用料補助が出るようになったが、調査当時は高い保育料を払わなければならなかった。

中学・高校であっても負担は経済面でも大きくあり、保育園に預けて働きたいが、入園できなかった場合、幼稚園に入園し、延長・預かり保育等を利用すると、かなりの保育料がかかる上、働いているために参観・親子遠足など幼稚園独特の催しには参加できないため、子どもにはかわいそうな思いをさせてしまいます。

子どもは大きくなるし、働きたい気持も増すが預けることができない。〔略〕むしろ、幼稚園保育料を無料にしてほしい。でないと負担が増すだけ。ストレスも増える。

ちなみに認可外一時預かりは、空きはあるが料金が高く利用できません。〔略〕可能性がどのくらいあるかわかれば最初からあんなに努力せず子どもと接する時間に費やしたのにと思う。

昨年度、認可保育園に入れず、認可外保育園に通わせているが、二人の保育料で月一五万円程かかります。認可希望を外れた者には、支援等はないのでしょうか。

ずっと待っている人はそのまま待てってことですか。お金が無認可だとすごくかかるし融通だってきかないんです。何で自分ばっかりこんな苦労をしなくてはいけないのか。

「三歳児の壁」

すでに触れたが、Ａ市では一～二歳児の待機児童が多いことから、その解消のために小規模保育園や家庭的保育事業を拡大してきた。「三歳児の壁」とは、二歳児までを預かるこれらの保育園を卒園した後、三歳以降の預け先が確保できない子どもが出てきていることだ。2章で見たように、A市では、三歳児の申請者で保育園に入所できたのは七割弱である。苦労して保活してやっと小規模保育に入ったとたんに、すぐに次の三歳以降の保育のための保活が待っているというわけだ。何年も続くプレッシャーに母親たちはさらされている。

すでにフルタイムで共働きして、子どもを二歳までの認可保育園(著者補足:家庭的・小規模保育のこと)に預けていたが、今年の四月にどこの認可保育園にも入れなかった。

市は待機児童解消のため小規模保育園を増やしてくれていますが、(フルタイム勤務で)三歳以降に預けられる園の数が追い付いておらず、仕事柄時短にも限界があるため、もし三歳以降の受け入れ先がないと仕事を辞めざるを得ないのが現状です。仕事と子育ての両立のために、幼稚園の預け入れ時間を延長など、改善お願いします。

今、小規模保育施設に通っているが(〇、一、二歳児の施設)、三歳児になったときに保育所に入れるのか? 三歳児の壁にぶちあたっても、急に仕事はやめられないし、不安である。

小規模保育を卒業したら、次の保育園に入園できるかと気にする日々はバカげてる。一歳になる時のタイミングで保育園に入れず、次の四月まで育休を延長し、やっと小規模に入園できたが、その時も入園できないかもしれないと不安に思い、無許可の園に入園金を支払って席を押さえて認可園の入園の通知を待っていた。〔略〕小規模保育を出る時はすべりどめで幼稚園の入園金を支払うのかな……一〇万近くかかります。

自由記述からは、認可保育園に入れなかった場合に備えて認可外に申込金を払ったり、幼稚園に入園金を納めて、預け先を確保するなどの対処をしていることがわかる。しかし、無事入所できたならばその費用はムダになる。幼稚園側にとっても、年明けの二月になってから保育園の入所が確定した人が多数入所を辞退することになるという、誰にとっても不幸なことが起こっている。

小学校に行くまで通える保育園を希望していましたが、入れず小規模保育園に通わせています。次の三月で卒園なのでまた保育所の申し込みをしなければなりませんが、来年四月以降保育園にも入れる保障はないため、幼稚園の申し込みも検討しました。しかし幼稚園は一〇月二日に申し込みし、入園金を一〇万以上納めなければなりませんが、もし保育園に入れることになれば無駄になってしまいます。転勤等の場合は返金してもらえるようですが、保育園に入れることになった場合も返金してもらえるよう市から幼稚園側に要望してもらえるといいと思います(全額じゃなくても)。小規模保育園に入れて復職した場合は、保育園に入れなかったからといっても、もう育児休業をとれないため行き先が決まらないと非常に困ります。保育園に入れるかどうかが二月までわからない状態は心理的負担も大きいです。〔略〕もしくは幼稚園と保育園

の申し込み期間等を統一させて、入園金が無駄になるような状況が発生しないような仕組みをつくっていただければと思います

障害のある子、発達に遅れがある子への支援が薄い

子どもに障害があったり、少し発達に遅れがあると、預ける場所の選択肢は限られてしまう。保育園だけでなく幼稚園にも受け入れてもらうのが難しい。発達に遅れがある子どもや障害のある子どもを育てる母親は働けなくなる。働く以前に、そうした困難を抱える子育てへの支援がないのだ。

療育手帳はもっていない、医療行為は必要ないけれども超低出生体重児で産まれて見守りが必要な子どもの受け入れ先はありません。療育とは別に働いている保護者にとっては、見守りのある保育が必要です。保育所に入れず、待機で二年、その間に集団の経験があればもっと発達的にも良い影響があったかもしれません。見守りの必要（発達軽度の遅れ）がある子どもは私立幼稚園の受け入れもよくありません。発達の遅れのある子どもの母親は外で働くことはできないのでしょうか。療育が必要だから仕事はせずにいなければならないのでしょうか。兄弟の年齢差があれば加点もつきません。すべての子どもに平等な保育のありかたをつくってください。

医療的ケアの必要な子どもも預けられる保育園を早く作ってほしい。

求職中で認可保育所に入れる可能性が高まればもっと働く人も増えると思いますし、私も働き

たい。今子どもが療育に通っていますが、療育に通わせると働けないので、保育園型の療育があるとありがたいです。

認可保育園に入れても保育料が高すぎる

二〇一九年一〇月から幼児教育・保育の無償化が行われ、三歳以上の保育料は基本的に無償化されているが、調査時点では保育料が高すぎるという声も少なくなかった。なお、二三年現在も〇～二歳児の保育料は所得に応じて支払うことになっている。

保育料は世帯年収に応じて算定される。あくまで概算だが、A市では〇～二歳児の場合、世帯年収一〇〇〇万円以上は月額約八・四万円、九〇〇万円以上が約七万円、七〇〇万円で約五・六万円、六〇〇万円で約五万円、五〇〇万円で約四万円である。つまり、世帯年収五〇〇万円で年間で五〇万円近い保育料を支払うことになる。保育料が高いと感じるのは、世帯年収ではなく、母親の給与と保育料を比較しているからではないだろうか。

そもそも女性の賃金は男性より低い。データから二〇二一年の「一般労働者」(短時間労働者以外の労働者)の賃金格差を見ると、女性の賃金は男性の約七五%しかない(1)。平均賃金を見ても、男性は月額約三三万七二〇〇円だが、女性は約二五万三六〇〇円である(2)。

さらに、育児短時間勤務制度を利用すればそれだけ母親の給与は少なくなる。また育児休業中の育児休業給付金の手取りと、職場復帰した後の手取り収入から保育料を引いたものを比較すると、手元に残る収入が育児休業給付金より少なくなる人もいる。

非正規雇用で働いている女性の場合、夫の扶養の範囲内で働こうとする人も多い。二〇一七年のデータを見ると、夫がいて非正規で働いている女性の約四割が就業調整（収入を一定の範囲に抑えるために就業時間を調整すること）をしている。そして、このうちの約九七％が年収一四九万円以下である[3]。

保育料が高くて、ほしいだけの子どもが産めないという声もある。また、入所手続きに翻弄された時の辛さを考えると次の子を産むのをためらう人までいる。

〇〜三歳までの保育料を下げてほしい。月に六万円近い保育料は高すぎます。時短で働いていても給料の半分近くが保育料になり子どもの将来のために必要なところにお金を使えない（預金やならい事など）。

収入が減っているにもかかわらず、前年度の（つまり産休前の）納税額で四〜八月は保育料を払わなければならず、非常に苦しい経済状況となりました。お金がなければ子どもがもてないような社会になるのは今後の日本にとって大打撃だと思います。保育料への公的援助を増やしてほしい。他都市に比べ、A市は認可保育園等の料金が高いことを知りました。子どもたちへの公的資金の投入をもっと積極的に行ってほしい。

子どものために働いているのに、二人をあずけると、保育料だけで七万以上かかり、何のために働いているのかわからなくなる。子どもはほしいが三人目は経済的な理由で難しいのが現実。一生懸命働いて保育費を払っているようなもので、本当は一緒にいてあげたいのに何をやっているのかわからなくなる。保育費を見直して下さい。

保育料が高い。実際四月入所しかできないため育休を切り上げて職場復帰したが、短時間での勤務に切りかえると給料は減っている。しかし保育料が高いため実際の家計は育休中よりマイナスになる。この状況になると二人目以降の子どもを考えた時に「保育所の入り辛さ」＋「二人目の保育料の負担」というハードルが更に増えるため、きょうだい（二人以上）育児への不安はかなりある。

当然ながら、必要なのは保育料だけではない。子どもが病気になれば別に病児保育の保育料がかかる。A市の病児保育室の利用費は一日二〇〇〇円だが、インフルエンザなど流行時は希望が集中するし、開設場所は限られているので、実際利用できるのは近隣の人に限られる。民間のベビーシッターなどを利用すると一時間二〇〇〇円程度かかる上に、病児預かりの割り増し料金などで、あっという間に一日の料金が二万円近くになってしまう。

多くの母親は出産・育児で仕事を減らして収入が減るにもかかわらず、子育ての金銭的負担は一手に親にかかってくるのが日本社会の現実だ。

保育料が高すぎるのでもっと金額を下げてほしいです。ただでさえ高い保育料を払っているのに、それにプラスして病児保育で追加で保育料を払うのは厳しいです。〔略〕せめて六歳まで所得制限関係なく医療費負担を〇にしてほしい。

育休中（特に二人）は給付金が少ないので保育料を支払うのが大変だった。その中で医療費無料が対象外となった時期があり、育休中は収入を増やすことはできないため苦労した。保育料がもっと安くなればと思います。

子は社会からの預かり物で次世代を担う宝です。社会全体がその恩恵を受けるのだから少なくとも保育料程度の負担は社会で分担すべき（育児で収入が下がり、そこに保育料と病児保育サービスが年間二五〇万近くはかかります）。〔略〕受験や就労、資格取得などで、今まで女性であることで特に優遇されたことはありません。にもかかわらず子どもができたら仕事をセーブせざるを得ない負担が女性にかたよるのは不公平です。

子だくさんは罰なのか　のしかかる保育料の負担

三人以上の多子世帯では、保育園の保育料負担はさらに重くなる。A市には第二、三子への保育料軽減措置（多子世帯の保育料軽減）があるが、対象になるのは、きょうだいが就学前で、同時に保育園や幼稚園などに通っている場合に限られる。しかし、実際に子どもが多い世帯では、きょうだいの年齢が離れているケースも多い。しかも年齢が上がれば上がるほど、教育費などで子ども関連の出費はますます増えていく。

また高額な保育料負担が三人以上の子どもを産み育てることを躊躇させているという人もいる。世帯収入がそこそこ高くとも、多くの子どもを育てるのは金銭的負担が大きい。

三人が同時に保育所等に入っていたら三人目は無料ですが、うちは年が離れているのでこの制度が使えない。四人も子どもがいるのに下の二人でまた保育料を払わなければいけない。保育料が高いから子どもを二人目三人目あきらめる人もいると思う。〔略〕今後お金がかかるのに保育料だけは年収で決まるので考えてほしい。年収が上がっても保育料払ってたらあまり意味がないし……。そのお金を子育てとかにまわしてほしい。

経済的な余裕がないので働かざるを得ません。保育園に同時に三人入園していれば三人目は免除等の経済的な補助はありますが、これに概当することはまれだと思います。学年が上がるにつれて、習い事等支出は増え、保育料も減ることはありません。第三子以降は保育料免除の措置は同時期に入園している場合のみでなく、第三子以降は免除という形になったらとても経済的に楽です。保育料がとても高額です(他市に比べると)。お金のことでストレスを抱えることが多いので、それがなくなればいいなと思います。

三年前まで働いており、個人の都合で一度退社し、今は内定していますが三人目を待機しております。年が五つずつ違うので、幼稚園や保育所も二子目となるのが短く、幼稚園、保育料金の負担が大きく、働かないと苦しいですが三人目が待機なので働けず……。

理不尽な所得制限制度

所得が高い世帯であっても、子育てが楽なわけではない。保育料が高くなるだけでなく、各種の補助制度から外れてしまうことに対しては、収入に応じてそれだけの所得税や社会保険料を支払っているのに、という不満を持つ人もいる。また、年功序列が根強い日本社会では、年齢が高いと、親が若い子育て世帯よりも高所得になるが、将来的に働ける期間は短い。

こうした保育制度や子育て支援における所得制限については、二〇一九年の保育料の無償化や児童手当の所得制限の強化の時にも大きな論争になっている。すべての世帯の保育料を無償化することとは「高所得世帯に手厚い所得再分配になっている」という批判もあれば、一方、児童手当など子育て支援に所得制限などを導入することを「理不尽だ」という声もある。

また、保育料が収入に応じて異なるようになりましたが、同じ保育をうけていてなぜこんなに支払わなければならないのかと感じます。〔略〕または定額にして助けが必要な世帯に補助金を市が出す方法にしてもらいたい。子どもの医療費も収入があるからと支払額を上げられると実際、負担が大きいです。

保育料高すぎる。税金もおさめているのに保育料もバカ高い。〔略〕がんばって保育所＋幼稚園のかけもちをしても保険料は免除されず倍かかってくる。

保育料が年収に応じてはつらい。共働きで年収合算して保育料が高額になる(=所得税もいっぱい払っている=医療費もかかる(一歳誕生月以降、普通であれば中三まで無料)。あれもこれも負担が大きくなる。所得に応じての負担は理解できるが、保育料だけじゃなく同時にこれだけの負担が増えていることも社会に知ってほしいし、考慮してほしい(保育料は一律など)。

(略)金銭面はたとえ余裕がある方としても家事・育児の時間に関しては余裕がない。そういう意味では気持的にしんどいし(常に部屋の掃除が後まわしになって汚い、子どもに関わる時間がゆっくりとれない)、お金で解決することになり(ご飯を買う、食洗機などの利用)、生活は周囲が思っているほど楽ではない。

利用したい人、全員が保育所を利用できる(時短勤務でも)。年収に関係なく保育料は一律にする。年収が多ければ保育所利用をしたくても順位を下げられ、かつ利用できても保育料が高いのは不公平に思う。年齢が高ければ年収が上がるのは当然であるが、一方、残りの勤務年数は少なく以降の収入では若い人よりも少ない可能性が十分にあるので考慮してほしい。認可外保育所利用者への行政からの補助(認可利用保留者への不公平感解消)。

待ち受ける「小一の壁」

保育園を卒園しても子育ては終わらない。「保育園の後」への不安を語る声も多い。むしろ長期休暇があり、低学年の間は学校が早く終わる小学校入学後の方が大変なのだ。これが「小一の壁」である。長時間預かってくれる保育園時代には子育てと仕事が両立できたものの、子どもの小学校入学を期に仕事を辞めてしまう人もいる。実は小学校は暴風警報や学級閉鎖などで登校できなくなる日が多い上、学童保育の時間も保育園のように十分ではない。にもかかわらず、母親の短時間勤務が終わってしまうことも多い。「小一の壁」を前にして、母親たちの心配が収まることはない。

小学校に子どもが進学した後、放課後子どもをみてくれる施設を増やしてほしい(学童保育も三年までと聞いています)。子どもを今は保育園で仕事終了時間までみてもらえて助かっていますが、小学校に進学後は母親は仕事を縮小させなければいけないので(正社員→パートなどに変更しなければいけないなど)。

保育園を卒園し、小学校へ上がってからの生活に不安があります。小学校は八時半が始業のため、卒園したての子どもを一人家に置いて会社へ向かわなければ間に合いません。夕方〜夜は学童がありますが、朝にもそういった環境を作って頂けませんでしょうか? 近くに祖父母もおらず、頼る者がいない中、どうやって両立をしていけるだろうかと考えを巡らせています。ファミリーサポートはやはり一個人、知らない方だと思うと我が子を任せられる勇気がありません。学校や公民館など公的な施設で、集団で守られる環境が欲しいです。そのための費用ならば負担することは惜しみません。安心して両立してゆける環境を期待しています。より一層子育てをしやすい市になりますように。

上の子どもが現在小学一年生だが、保育園時代より非常に働きにくい。台風などの警報時、インフルなどの学級閉鎖時の自宅待機や警報が解除になった場合の対応など、子ども一人おいて通勤途中や勤務中に対応せねばならず、祖父母をあてにできない身にとっては大変厳しい。四月入学したばかりの時に急に四月中の懇談日がすでに決められており、その日に仕事を休むことができなければ必要な物品の情報を得ることができない、購入できないようになっているのは変えてほしい。

今は保育園があるので夕方六時まで預かってもらえるが、小学校に入ったら六時まで預かってもらえる所があるか不安です。二人とも今のまま社員フルタイムで働けるか不安です。

時短勤務が小学校入学前で終わってしまうと仕事（週五、時短終了後は一七時四五分までの勤務）を続けていくのは難しく、不安を感じる。職場の子持ちの女性社員も同様の意見。

時短勤務を小学校四年生（一〇歳）までに国の規定を変えて欲しい。

学童に入りづらいときいています。対策をお願いします。そのため、小学校入学したら仕事の時間を少し短くできたらいいのにと思います。

今後不安に思っているのは、小学校に入ってからの学童保育です。一七時まででは到底足りず、結局一人で留守番をさせることになります。小一の間だけでも、一八時ぐらいまで預かってもらえたらよいのにと思います。

なぜこんなにも子育てが苦しいのか

保育園は、子どもを産み育てながら働く、また介護などを抱える親、主に母親を支えるために存在している、はずである。しかし、著者らの調査、自由記述から見えてくるのは、保育園が母にとっての「壁」になってしまっている現実である。

「保育の壁」は、たんに保育園に入れないという問題ではない。妊娠や出産時期で入所の有利不利さえ左右されてしまうから、保育園に入りやすくなるように育児休業を切り上げ、あえて就労時間を長くする人もいる。入所申請で母親たちはすでにヘトヘトだ。入れるかどうか先の見えない不安の中で、育児休業中も気が休まらない。

入所の壁の前には死屍累々である。綱渡りのように認可外保育園に預けて働く人もいれば、仕事をあきらめざるを得ない人もいる。一度仕事を辞めてしまえばさらに保育園に入りにくくなり、容易には再就職できない。入所の可否が、母親の人生を決定的にと言ってよいほど大きく変えてしまう。少子高齢化で現役世代が減る中では、一人でも多くの人が働き、子どもを産み育ててもらうことが必要ではないだろうか。

保育園に入れたとしても、壁は立ちはだかり続ける。二歳児までの小規模認可に入った人はすぐに三歳児からの保育園入所の申請準備にかからねばならない。また、一人っ子でなく複数の子どもを持ちたいと思っても、下の子の出産時に上の子を保育園に預けることもなかなかかなわない。

さらに子どもが小学校に入っても、壁はなくならない。学童は保育園ほどのケアは提供していないし、職場の配慮も以前ほどではなくなる。一方、小学生は小さな子どもだ。まだ手がかかるし、一人にしてはおけない。

親にゆとりがあって幸せであれば、子育ても楽しめるはずだ。だが現実は、子どもを産んだとたん、子育ての責任は母親に重くのしかかってくる。子どもを産むことが、キャリア形成やさまざまな自分の人生で実現したいことをあきらめなくてはならないようなリスクをもたらしている。

母親の人生の見通しは立たないままだ。

（１）内閣府(二〇二二)『令和四年版男女共同参画白書』一三一頁
（２）厚生労働省(二〇二二)「令和三年賃金構造基本統計調査 結果の概況」
（３）内閣府(二〇二二)『令和四年版男女共同参画白書』二一頁

第4章

家庭の壁
父親はパートナーか壁か

子どもが生まれて、生活が激変するのはいつも母親である。自由記述欄に書き込まれた母親たちの声は、家庭の中の家事や子育てをめぐるいらだちやしんどさに溢れている。

自分の生活ペースを変えようとしない父親。家事や育児は「母親の仕事」と考えている父親。ちょっと何かしただけで、やっている気になっている父親。母親たちの怒りや不満は爆発寸前だが、口にしてしまうと取り返しのつかないことになりそうで、黙って心にしまっている。言ってもしかたがない、父親を変えるのは大変すぎる、というあきらめもある。だが父親は、母親の心の中に渦巻く不満に気づく様子もない――。

父親が家事育児を担わなければ、母親が仕事も家事も一人でしなくてはならない。両方を完全にこなせるスーパーウーマンはいないから、どうしても母親は仕事をセーブすることになる。子育てをする母親社員への制度も整いつつあるが、だからこそ子どもが病気の際に休むのも母親、短時間勤務を取得するのも母親、ということになる。

いったん歯車がその方向に回り出すと、「家事育児は母親が仕事を調整して担う」ことが生活の前提になってしまう。しかし、短時間勤務や子どもの病気などで休みを多く取ることで母親の収入が低くなると、夫婦間の力関係において母親の立場はさらに弱くなる。もし父親が「家事育児は経済力のない方がするべきだ」という考えを持っていたら、父親には家事育児を頼むことは難しい。

母親はいっそう働きにくくなり、経済力を失うという悪循環に陥ってしまうのだ。

また母親たちの嘆きや怒りが向けられているのは、個々の父親だけではない。夫の職場のあり方や滅私奉公を求める長時間労働、社会に厳然と存在する性別分業の壁に対してもである。

女性も多くが働くようになる中で、職場では男性同様に「よき職業人」として家庭より仕事を優先することが要求され、それができない母親は職場で肩身の狭い思いを強いられる。いまだに職場では、家庭のことは妻にまかせて仕事にはとんどの労力を注入できる男性の働き方が標準化されているからだ。もちろん多くの父親たちはそれに合わせて働いている。

父親が家事や育児を母親と同じように担いたいと考えていても、職場がそれを許さない。ワンオペで家庭を回さざるを得ない母親は、どうしても責任のない仕事、簡単な仕事を選びがちになる。キャリアの形成も能力の蓄積も思うようにはできなくなり、本人の意欲も減退してしまう。いわゆるマミートラックである。(1)

男性の家事育児参加への国の働きかけ

これまで国が男性の家事や育児の参加について、何もしてこなかったわけではない。一九九九年には、当時の厚生省が「育児をしない男を、父とは呼ばない」というキャッチフレーズを掲げて、父親の育児参加を呼びかけている。(2)

一九九二年に導入された育児休業制度に関しても、給付金を二〇〇七年に五〇％、一四年からは最初の半年は六七％に上げた。一〇年六月には、配偶者が専業主婦（夫）や育児休業中であっても、育児休業を取得できるように制度改正を行っている。さらにパパ・ママ育休プラスを導入し、夫婦で育児休業を取得する方が、給付金がプラスになるようにもした。

それに合わせて厚生労働省は、二〇一〇年にイクメンプロジェクトを開始している。[3] キャッチフレーズは「育てる男が、家族を変える。社会が動く」。男性の育児休業取得率を二五年までに三〇％にするという目標を掲げている。

このプロジェクトのサイトでは、男性の育児休業取得や育児参加を推進する意義について説明している。

二〇二〇年に男性の育児休業取得率は一二・六五％だったが、[4] 同じ年に厚生労働省の委託を受けて実施された日本能率協会総合研究所の調査では、希望しているのに育児休業が取得できなかった男性社員が二九・九％いた[5]（厚生労働省の「令和三年度雇用均等基本調査」によると二一年の男性の育児休業取得率は一三・九七％である）。

また、男性の家事育児の分担の少なさが、女性の就労継続や出産の障害になっているという調査結果もある。日本能率協会総合研究所の同じ調査では、出産を機に退職した女性に退職理由を聞いている。四〇％以上の人が選んだのが「仕事を続けたかったが、仕事と育児の両立の難しさで辞めた」（複数回答）という理由である。両立が難しかった理由は、「自分の体力に自信がなかった」「職場に両立できる雰囲気がなかった」などもあるが、約二五％が「配偶者・パートナーの協力が得られなかった、配偶者・パートナーが辞めることを希望した」を挙げている。

さらに男性の育児休業の取得を促進するため、二〇二二年一〇月からは「産後パパ育休（出生時育児休業）」が導入されることになっている。

父親の育児休業取得にどんな意味があるのか、という意見もあるだろう。育児休業制度を研究している中里英樹は「育児休業は社会を変える〝入り口〟[6]」であり、家庭だけでなく社会にもメリットがあるという。「育休を取って子育ての全貌が分かれば、父親も子育ての当事者意識を持ちやすい」だけでなく、会社にとっても「人が長期的に抜けた時の職場作りをするきっかけになる」「女性ばかりが長く休む必要がなくなる」からだ。

ほんとうに男性ももっと家庭を優先したいのか？

調査結果では、多くの男性が育児休業を取りたいと思っているにもかかわらず取得できていないということだが、はたして本当に男性は家庭を重視しているのだろうか。内閣府が二〇二〇年度に実施した日本・フランス・ドイツ・スウェーデンの国際比較調査を見てみよう。[7]

「小学校入学前の子どもの育児における夫・妻の役割についての考え方」（図4-1）を見ると、日本では男女ともに五割前後の人たちが「主に妻が行うが、夫も手伝う」という考え方を支持しており、他の国より突出して高い。しかも、図には示していないが、日本の子どものいる男性だけを取り上げると、「主に妻が行うが、夫も手伝う」人は六〇・九％もあり、「妻も夫も同じように行う」

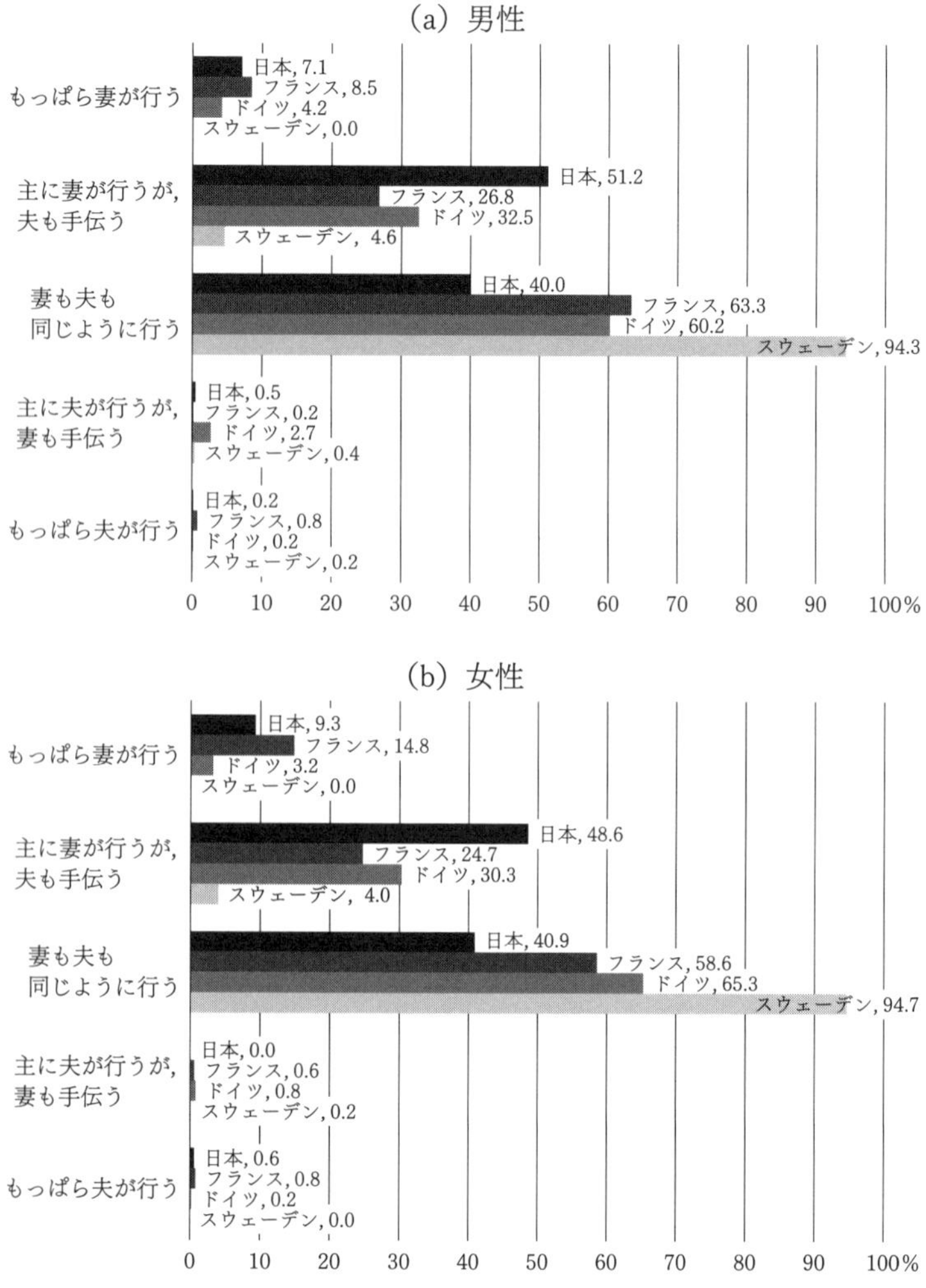

図 4-1　小学校入学前の子どもの育児における夫・妻の役割についての考え方

出典：岩澤美帆「何が子供を持つことを妨げるのか：子育て観・子育て負担観・望まれる支援からみた日本」内閣府『令和 2 年度少子化社会に関する国際意識調査報告書』p. 104 より作成.

は二九・三％にすぎない。

フランス・ドイツでは「妻も夫も同じように行う」が最も支持されている。男性でもこれを支持する人が六割を超えており、「主に妻が行うが、夫も手伝う」は男性でも三割前後だ。スウェーデンでは「妻も夫も同じように行う」を選ぶ人が、男女ともに九割を超えている。

それでは日本の父親は家庭より仕事を優先したいのだろうか。同じ調査では、「日常における、仕事、家庭生活、個人の生活の優先度」について希望と現実について聞いている。この質問に対する子どものいる男性の回答を取り上げて見てみよう。図4-2(a)は希望、図4-2(b)は現実である。

図4-2(a)から子どものいる日本の男性の希望を見ると、「仕事を優先」したい人は一六・六％、「家庭生活を優先」したい人は七〇・四％である。だが現実をあらわす図4-2(b)では、「仕事を優先」している人は七一・七％、「家庭生活を優先」は二四・四％となる。フランスやドイツでは、希望よりは下回るものの現実に「家庭生活を優先」している人が五割を超え、スウェーデンは七割を超えている。もちろん現実に「仕事が優先」になっている人がフランスでは四割弱、ドイツでは三割強、スウェーデンでは二割強いる。日本の父親は家庭を優先したいと考えている人が多いが、結局は仕事が優先になっていることがわかる。

そして、１章でＯＥＣＤの国際比較調査を見たが、(8)日本の男性の有償労働時間は他の国々に比べて際立って長く、家事や育児などの無償労働時間は際立って短くなっている。「仕事が優先」の度合いも強いと考えられる。

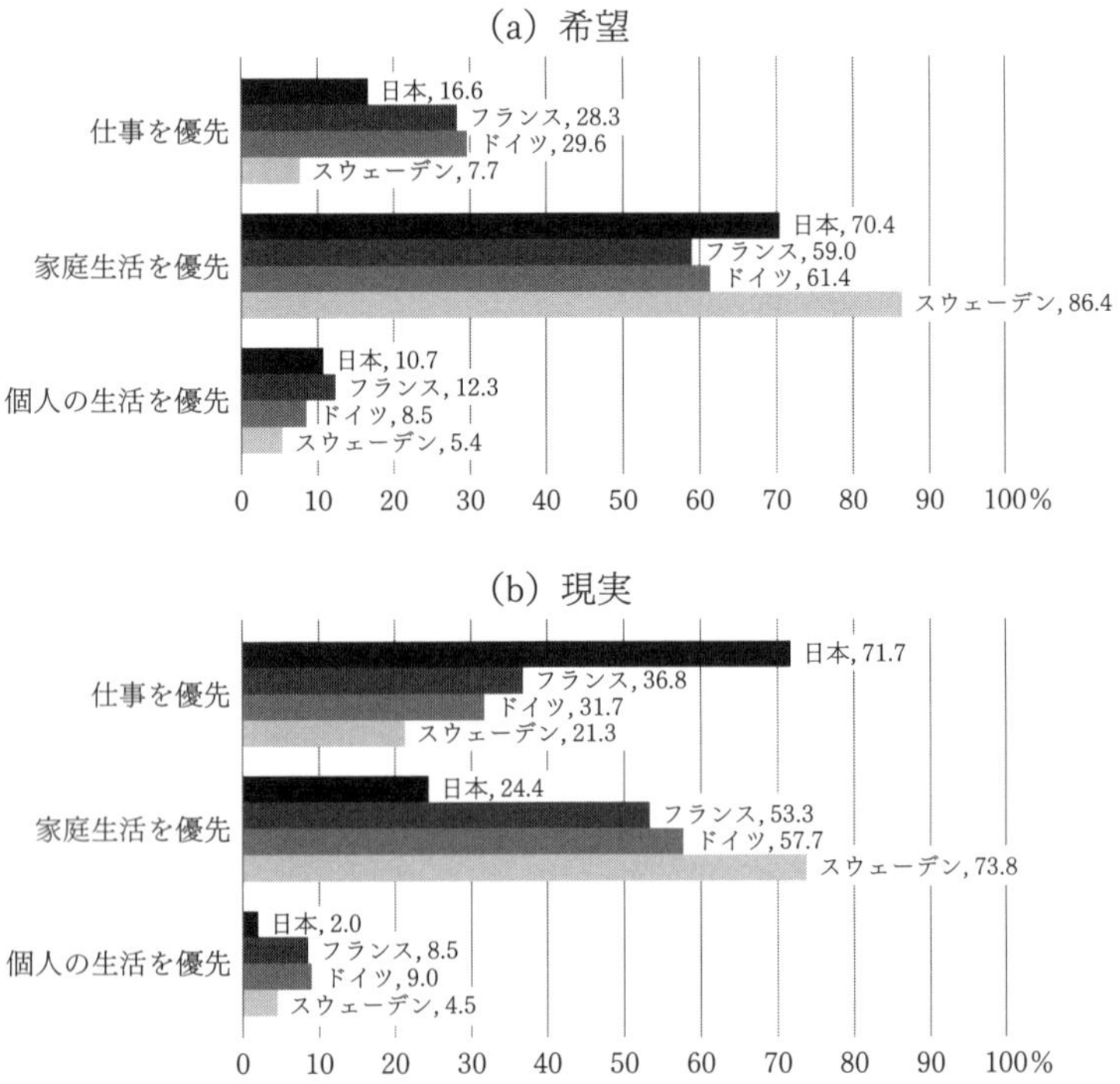

図 4-2　子どものいる男性の日常における，仕事，家庭生活，個人の生活の優先度

出典：内閣府(2021)『令和 2 年度少子化社会に関する国際意識調査報告書』より作成.

頼めるのは身内だけ　地域からのサポートがない日本の母親

さらに日本の母親の子育ての負担感の強さに、周囲からの子育てへの支援が少ないことがある。先の内閣府の調査から子どものいる女性だけを取り上げ、「突然の用事のために子どもの世話をすることができない時、誰に援助を頼むか」という質問への回答を見てみよう（図４−３）。

子どもの世話の依頼先の選択肢は「配偶者及びパートナー」「保育園や幼稚園、ベビーシッターなど」「自分や配偶者の親」（祖父母）「自分や配偶者の兄弟」「友人や近所の人・その他」である。さらに子どもの世話をできるのが「自身・配偶者のみの人の計」「子どもの親・親族のみの人の計」（頼める人が親族以外にない人）も掲載している。

日本の母親で特徴的なのは、他の国に比べ、「配偶者及びパートナー」（子どもの父親）に頼める人が半分以下と少なくなっていることだ。これがフランスでは五六・九％、ドイツは六九・五％、スウェーデンは七四・二％である。最低のフランスでも半分以上の母親が、何かあれば父親に子どもの世話を頼めるのだ。

さらに日本の母親の頼りは「自分や配偶者の親」（つまり祖父母）が中心で、「友人や近所の人・その他」に頼める人がわずか一二・四％と、際立って少ない。圧倒的多数の母親が、ちょっとした時に頼れる人が周りにはいないのだ。ちなみに「友人や近所の人・その他」に頼れる人は、ドイツでは三九・〇％、スウェーデンでは五七・七％になっている。日本の母親は地域社会からサポートを得

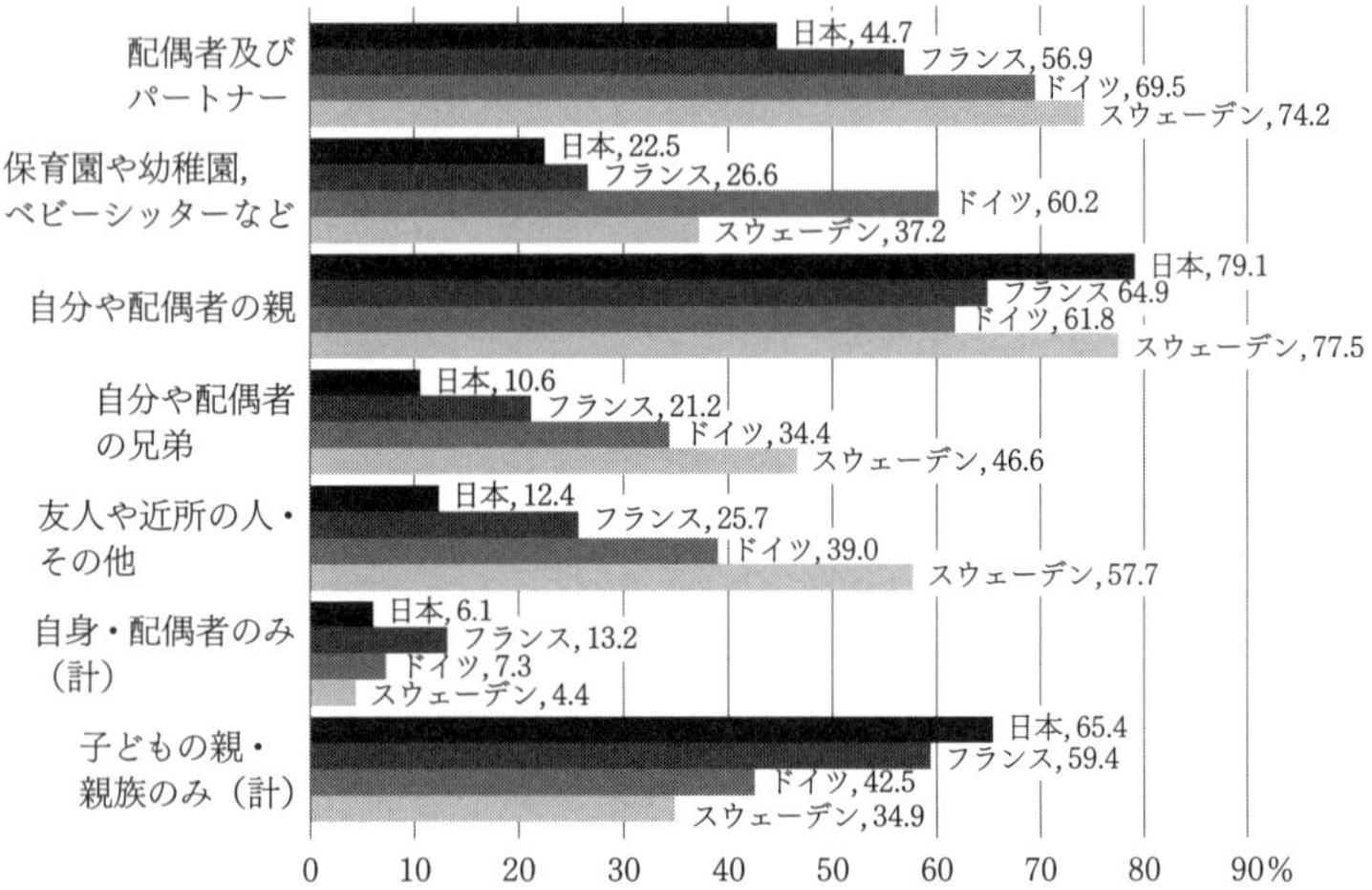

図 4–3　突然の用事のために子どもの世話をすることができない時，誰に援助を頼むか（子どものいる女性・複数回答）

出典：内閣府(2021)『令和 2 年度少子化社会に関する国際意識調査報告書』より作成.

られない状況で、孤独な育児をしているということがわかる。

そのため頼れる人が「子どもの親・親族のみの人の計」は、日本の母親では六五・四%と、他の国より高い比率である。他人に頼れない以上、日本の母親にとっては夫、つまり子どもの父親や祖父母が頼みの綱になっている。しかし、誰もが近くに健常な祖父母がいるわけではないから、核家族の夫婦二人だけで子育てするのは大変だろうと考えられる。

他の国では「配偶者」だけでなく「自分や配偶者の親」も頼るが、「保育園や幼稚園、ベビーシッターなど」や「友人や近所の人・その他」の比率も高く、子育てへのサポートを多様な人々から得ていることがわかる。祖父母がそばにいなくても、代わりに助けてくれる人が周りにいる、ということなのだ。

家庭の壁の正体は「父親」？

それでは日本の母親が父親(夫)に対してどう感じているのか、調査の自由記述を見てみよう。「男は仕事、女は家庭」という性別分業の価値観が強い中で、とにかく母親は仕事と家事育児を一人で背負うことに疲れ切っている。少しでも父親が家事や子育てを我が事として捉え、主体的にやってくれればと願うばかりだが、その思いは父親には届いていないようである。家庭の壁とは「父親という壁」なのだろうか。

女性も働く時代なので、女性ばかりが育児・家事をするのはおかしい。これからは男性も育児家事に参加し、助け合って生きていくのが筋ではないか!!

昨年までは働いていなかったのであまり感じなかったのですが、働きだして思うのは、〝自分の食べた食器は自分で下げる〟など、子どもの見本になるようなことは父親に積極的にしてほしいです。

家でも家事や育児の分担は圧倒的に女性の方が多く、家に帰ってから寝るまでヘトヘトになってしまいます。

男性の育児参加が増え、制度も充実してきています。育児を手伝うのではなく、育児のできる男性が増えてほしいです。

家庭内では夫にも育児に参加してもらえるように役割を分担していますが、いつの間にか自分自身がやってしまうことが多く、結局、妻の家事負担は減りません。

父親に責任感や当事者意識がない

母親が強い不満を抱いているのは、父親の責任感や当事者意識のなさである。夫婦二人の家庭であり、子どもを育てているのだから、本来は二人で担うべきもののはずなのに、子どもが病気の時に休むのも母親、家事育児のために働き方を変えるのも母親。父親は「手伝う」だけで十分という考えで、一緒に家事育児を担わなくてはならないという自覚がなく、仕事も職場の付き合いも変えようとしない。

共働きである場合、夫婦の立場はほぼ同等であると思うので、家事育児の分担は半々ぐらいが理想的。働いて、家事をして、育児をして疲れはてて、二人目の子どもなど、作る余裕も持てないので。

イクメンブーム？ で、育児参加してるパパが増えてるようですが、うちは何で違うんだろうなーと思います。仕事が忙しすぎて子育て現場にいることが少ないので、たまに手出ししてきては、文句を言い、、、何かちぐはぐだなあと思います。男性も「イクメン」なんか言われる社会じゃなく、あたりまえに時短勤務できたり子育て休暇がとれる社会になったら、もう少し意識もかわるのでしょうか、、。「皆で子育てする」があたりまえになったらいいのにと思います。

家事を分担していても、うっかり忘れたりなどの場合、父親はしないままで済んで、しわよせが母親側に全てくるのが不公平。誰かがやらなければいけないことは結局母親がやるハメになるので、父親にもっと家事でも責任感をもってほしい。

家庭内での育児家事について。男の人が「手伝う」という言葉を使わないようになったら、いいなと日々思っています。

どうしても男性側は育児に関して「サポート」という意識が強く、共働きでは母親に負担がかかる。男親の意識もさることながら、現実として就業時間が長く社会的にもごくあたりまえのように母親がすべき空気がある。仕事・出産・育児・家事・介護、どこに女性が輝ける余裕があるのか。男性側のワークライフバランスも社会的に変えていかねばならないと思う。

男女平等と言いながら、女性は外でフルタイムで働いても家でも家事をする。男性は家事は手伝い感覚で、外で働くことが大事みたいな風潮はまだ強く残っていて、それがとてもストレスです。

子どもを持つ父親は働くことがあたりまえと認識されますが、もはや家族を養うためにひたすら働くだけという時代ではないと思います。どう働くのか、どう育児を分担するのか、現代の流れに合う父親の役割を男性が主体的に考えていかなければならない時がきているのではないでしょうか。

家事が辛い時の代わりがいない。〔略〕協力程度も家事ができない夫の意識は変えなければいけない。

父母ともにフルタイムにもかかわらず、母が家事育児をやるのが基本になっていることに不満。父の「手伝う」というスタンスも本来おかしい。二人の子なので手伝うのではなくやるのがあたりまえである。

キャリアをあきらめたり、短時間勤務にするしかない場合、母親の収入は減り、経済的な自立から遠ざかる。母親が性別分業の網にからめとられると、蔑みや暴力にさらされても、抜け出せなくなることもある。

夫（父親）は残業も夜遊びも自由、独身のときと同じ。子どもと家に居ても自分（夫）はゲームしている。そのくせ家事は一切しない。時短の妻をさげすんでいる。役に立つと思ったことは一度もない。両家の実家が遠方で、ほとんど頼れない。

とにかくＤＶ夫と別れて自立したい。〔略〕送迎も間に合わない夫の非協力でシッターなど有償サービスに頼っている我が家としては不平等を感じる。そもそも、仕事は共働きなのに家事の九〇％は母親の我が家、しかも夫は時々ＤＶ。これではＤＶ夫から、逃げて自立できない!!妻（女性）も思う存分働けるように、実際働かないと生活できないのに、保育所入れないなら、生活の補てんをして下さいよ。

父親に期待するだけムダ

家事育児の分担は家庭の中の問題である。母親が父親に話して夫婦で解決すればいいではないか、と考える人も多いだろう。実はこれは難しい。毎日の仕事や育児で疲れ果てている母親には、父親と話して理解してもらうエネルギーが残っていない。父親は「気づいてくれない」「わかってくれない」「夫の教育が一番難しい」「自分でやったほうが早い」と、もはや家庭内で家事や育児について話をすることすらできない。「かつては腹も立ったがあきらめた」「頼むと不愉快な顔をされるので、頼むことがイヤ」という声もある。父親に何かを期待するだけムダというわけだ。

家事や育児の分担ができれば、もっと子どもに対して優しくできるんじゃないかと思う。ただ、だんなの教育が一番ムズかしくうまくいかない。だんなを育てるより子育ての方がよっぽど楽だし、楽しいと思える。もっと世の中が家事育児は分担があたりまえという世の中になってほしい。私が言うだけではきかないので、外から責めてほしい(笑)。おふろに入れただけで子育てできてると思っているので(もちろんパジャマは用意しないし、子どもをふくのも私、おふろの飲み物さえ用意しないし、おふろのかたづけも私)。どうにか気づかせる方法はないものかと、、、。

家庭内での家事育児の分担はお互い協力的にならない限り難しいと思う。性格的なものも大きいし、男性は仕事優先!の意識が強いので、どうやって家事をお願いしたら良いか不明だし、嫌な顔をされると、こっちまでふゆかいなので頼みたくない! 子どものうちから(特に男子)、女子を助けてあげる! 家の手伝いをさせる等の意識を変えていく方が最も効率的。

女の人(母親)は無条件に家事も育児もこなすが、男の人(父親)でそれができる人は少ない。お願いしたらやってはくれるが、あくまで〝手伝う〟というスタンスであり主体的に動いてくれることはほとんどないと思う。私や私の周りの家族もそうだが、夫に家事や育児をお願いするよりも自分でやってしまった方が早い。もしくは、頼むという行為自体がめんどくさくて、家事も育児も重い負担を担っているお母さんは多いと思う。また、私自身仕事に復帰して、夫と同じ立場になったものの、私の生活リズム(スタイル)は復帰前と比べて一八〇度変わったが、夫も同じように変わったかと言えば、ほとんど変わっていない。〔略〕共働き家庭の夫が妻と同じくらい主体的に家事や育児をこなしてくれるような社会になったら、もっと妻は働きやすいのになーと思う。たとえば保育園の決定通知書に「夫婦の家事育児分担表」（各家庭で完成させて冷蔵庫や壁などに掲示）みたいなのを同封するとか?!　女の人はなかなか自分から言い出しにくくても、そういうのをきっかけに、夫婦で話し合える機会がもてるかもしれないですしね。

誰か家事育児の重要さを父親に伝えてほしい

母親たちが期待するのは、社会や第三者からの父親や男性たちへの働きかけである。妻よりも第三者から話を聞いた方が、夫も受け入れやすいかもしれない……というわらにもすがるような想いが伝わってくる。

両親学級や父親向けの講座で、妊娠・出産前後の母親の体の状況や精神状況を教えてもらいたい、家庭訪問などで父親に働きかけをしてほしい、保育園の入所決定通知に「夫婦の家事育児分担表」のチェックリストを同封したらどうか、「もっと世の中全体で夫婦で家事育児分担するのはあたりまえになってほしい」というのが母親たちの願いである。

父親が家事育児を担ってくれれば母親にもゆとりが生まれ、子どもに対してももっと優しくなれて子どもにもいいはず、という声もある。また、今の大人についてはあきらめており、次世代に期待したいという意見もある。

また男性の育児への社会的な理解の必要性も訴えられている。

夫は私が子育てや家事について手伝ってほしいことなどあれこれ言っても、あまり学ばない。心に届かないようで、誰か第三者の人が私の意見・気持を汲み取って夫に伝えてくれたら、少しは届くのかなと思ったりします。

三六五日二四時間子どもと一緒にいる私(母親)は幸せだとばかり言って家事育児の大変さをわかってくれない父親。誰か第三者の方から育児の大変さ・協力の大切さなど直接言ってくれたらなーと思う。男性の育児参加についての啓蒙活動をしてほしい。

地域の子育て支援で、母＋子のイベントはよく見かけるが、父＋子または父だけのものが少なく、もっと増やしてもらいたいと感じる。夫婦ゲンカのほとんどは、家事育児のことであるので、他の家庭の状況を父同士で意見交換できる場を作ってもらいたい。共働きである場合、夫婦の立場はほぼ同等であると思うので、家事育児の分担は半々ぐらいが理想的。働いて、家事をして、育児をして疲れはてて、二人目の子どもなど、作る余裕も持てないので。

父親に、妊婦や産後の母親の精神状態をもっと知ってほしい。子どもの健診を平日でなく、土・日に行い、積極的に父親が育児など参加できるようにしてほしい。

家での家事分担↓中高生のうちから男の子にも家事を教える。「手伝う」ではなく「自分で考えて主体的にやる」を身につけさせたい。

子育てに関して女性しかできないこと、男性もできること、大人が子どもにとってどれほど影響があるかなど義務教育に組み込んでほしい。性教育と子どもを育てる責任感、大変さ楽しさは一緒に行ってほしい。

男性の家事育児参加を阻む要因として、社会がまだ男性の家事育児を前提として受け入れていないことも指摘されている。また、父親側の親、特に母親（つまり子どもの祖母）の意識をあげる声もあった。年代が上の女性たちには性別分業の価値観が強く、夫婦で一緒に子どもを育てるという意識がないという嘆きだ。だがいま六〇代の女性にはほとんど選択肢はなく、「子育ては母親の責務」と自分を納得させるしかない世代だったともいえる。

家事育児の負担は女性の方が圧倒的に重い。我が家では六：四の負担だが、「旦那さんがんばっているね」「旦那さんかわいそう」と言われてしまう。〔略〕ある会社での取組が紹介されていたが、管理職の男性に、育児中の女性の私生活を見てもらう、というものがあった。育児の大変さに気付けない男性（夫に理解させられない女性も含め）に、現実を知ってもらう方法として有効なのではないかと感じた。

女性ができない時はマイナス評価だが、男性が育児や家事をするとプラス評価だと思う。Ｔｏｔａｌの評価点数は女性の方が多いのにずるいと思う。また、男性の両親（特に母）は仕事をしている女性に対して、がんばっている、うらやましいとプラスの声を外では言うが、いざ自分のムスコのヨメが働き、男性が育児や家事をすると、かわいそうとかばう。働く女性への理解のあるフリをしているが、実際一番足をひっぱるのは六〇〜七〇代の女性たちだと感じる。子育てが一番で、アイデンティティがそこにしかなかった五〇〜七〇代の女性には、どれだけ言っても子育て以外の選択をもち、両立している人を受け入れられない。仕事場でも家でも女が、男が、ではなく、親として、子どもを育てていると言ってほしい。

あまりに遅い働き方改革の歩み

母親たちは父親だけを責めているわけではない。父親自身が家庭の壁になってしまう背景に、父親たちの当事者意識の欠落だけではなく、働き方の問題もあることはよくわかっている。

まず、近年の日本の働き方について見ておこう。二〇一五年には若者も高齢者も女性も男性も活躍できる「一億総活躍社会」というキャッチフレーズが生まれ、一六年に「ニッポン一億総活躍プラン」がまとめられる際には、長時間労働の是正が検討すべき課題として取り上げられている。一七年には「働き方改革実行計画」が策定されたが、そこには長時間労働は「男性の家庭参加を阻む原因」とはっきりと書かれている。政府の政策でも、長時間労働は問題として認識されているのだ。1章で見たように、OECD一四カ国の比較でわかるのは、日本の男性は有償労働が圧倒的に長く、女性は圧倒的に無償労働が長い。「男は仕事、女は家庭」という性別分業が徹底した社会であるということだ。

働き方改革が男女ともに家事育児も担える方向に進んでいるとしても、あまりにその歩みは遅い。二〇二一年の調査をまとめた「令和三年社会生活基本調査」を見てみよう。六歳未満の子どもを育てている夫婦の場合、夫と妻の家事関連時間を見ると、夫の家事育児時間は一時間五四分、妻は七時間二八分となっている。五年前の一六年の調査と比べると夫は三一分の増加、妻は六分の減少となっている（週全体平均。共働き世帯も専業主婦世帯も合わせた平均である）。まだ男女差が大きいままなのだ。

しかも、週六〇時間以上働く男性の割合は、子育て期に当たる三〇代と四〇代で高くなる。二〇一七年時点で週六〇時間以上働く人は、三〇代で一四・七％、四〇代で一四・九％だった。二一年には減っているものの、同順で九・六％と九・九％となっている(9)。

毎日終電で帰宅する父親

自由記述に毎日終電で帰ってくる父親について書いた人もいた。父親がとんでもなく長時間拘束され、疲れ切っていて、とてもではないが家事育児が頼めないという家庭もある。両親とも子育てや日々の暮らしを楽しむゆとりもなく、夫婦の会話すらない。

夫が多忙で家事育児への参加ができない。孤独に二人育児をすることが辛いし負担。企業全体が育児に対する理解が欲しい。三人目もほしいが育児負担を考えると無理である。

夫が毎日終電で帰宅のため、平日はワンオペ育児です。母の私が送り迎え平日の家事育児一人でこなしています。休日が不定休なので土日私が仕事の時は夫が基本的に家事育児を一人で一通りこなせるので、その点には満足しているのですが平日少しでも私の負担がへれば楽になるのにと思っています。夫の業務上のことなのであきらめています。

社会の男(夫)の仕事先の子育てへの理解(突然の子どもの熱が出た時の休み)↓当然のように母親側の仕事が休みとなる。育休産休中の父の休みもまとめてとれるようになってほしい。

夫の会社の勤務時間が長すぎるため、結局母親の負担が大きくなる。

育児には協力的な夫ではあるが、仕事が忙しいため、急な休みを取りづらい、いつも母親の自分が休みを取らなくてはならず有休がなくなってしまう。

仕事で平日は食事作りや子どもの入浴などに追われ(父親は夜帰りが遅いため)家のことはほとんどできない(掃除が主に)。土曜日など、もう少し気軽に預けられる環境(半日でも)ができたら非常に助かる(土曜日曜も父親は仕事のため)。

父親が休みの時に、家で子どもを見られるのであれば自宅で保育するように言われるが、父親に保育を頼むと、母親はもっと大変になるという声もある。

まだまだ女性が家事育児に費やす時間や労力は多いように思う。家事や育児を専門の先生や保育士さんなどに男性も話を聞いたり、教えてもらう機会があれば、もっと家族の為に家事や育児ができるようになるのではないか。また、企業に勤めていたら、拘束時間が勤務時間より長く、平日はほとんどシングルマザーの様で、夫が家族と過ごす時間はほとんどない。〔略〕フレックスや代休や有休を強制的に取れるようになれば夫も疲れをとる時間ができるのではないか。

家事や育児も毎日「疲れた、しんどい」という夫には頼れず、ほぼ一人でがんばる毎日。〔略〕保育所は片方が仕事が休みの日はなるべく自宅でみるようにと言われるが、自宅に夫と子どもを置いて仕事に行くのはとても負担である（昼食を作っていく。帰宅後、家事育児をまるなげされる時もある）。夫も連日残業がつづき、休日は少しゆっくり眠りたいが、妻が朝から仕事なので、寝不足となり、疲労感がとれない。

両親揃って夕食が食べられる社会に

一方、子どもが生まれても以前と同じように残業もし、「飲み会を断ると評価が下がる」と言っている父親もいるようだ。本当にそうなのか、本人が飲み会好きなのか、家に帰ると家事育児を頼まれるので、そこから逃げているのだろうか。父親が家にいないことが常態になると、もう母親は父親に期待しないようになる。

両親揃って夕食が食べられるような社会になってほしい、というささやかな願いも書かれている。

旦那の職場のサービス残業が長すぎて子どもとの時間がとれない。飲み会や残業を断ると評価に影響が出るからと断れず、毎日一人で子どもの世話をしているのでイライラしやすくなった。〔略〕旦那が転職してくれたら早く引っ越したい。

夫婦共働きでないと、満足できる生活レベルにならないので、働いていますが、低賃金の上、長時間労働(自主的残業という扱いで、収入は比例しない)、休日出勤で父親がほとんど育児にかかわれない(日・祝のみ)という現実です。〔略〕食育の仕事をしていますが、食が変われば、健全な子ども達は増え、それが将来の社会を支える大人へつながると思っていますが、家庭の食卓をまともなカタチにしていくには、育児に余裕がもてる社会になることだと思います。お母さん、お父さんが夕食を共にできることが当たり前の家庭ばかりになってほしいです。

また、父親が単身赴任で家にいない人もいる。共働き世帯で配偶者の転勤や単身赴任があると、事実上のひとり親状態に突入する。すべてを背負う母親は、自分に何かあった時の代わりがいないため、不安でしかたがない。しかも一人になれる時間がまったくない。共働き夫婦で、二人目の子どものために育児休業を取得した男性が、育児休業復帰後すぐに転勤辞令が出て退社したことが大きなニュースになったのは、つい数年前のことである。

コロナ下ではオンライン勤務や在宅勤務が一気に広がったが、また通常の勤務に戻りつつある。転勤は共働き世帯にとっては、大きな障害である。夫の転勤に専業主婦の妻がどこにでもついていけるような時代はもう終わったのだ。

現在、夫が単身赴任中です。〔略〕夫の不在による子どもの発育が心配です。また、ワンオペ育児のため、自分が倒れたらどうしようという不安がつねにあります。

父が単身赴任という事情で母は自分の時間がないので就業後一時間お迎え延長等、フレキシブルな保育延長ができると助かるのですが（実際に理由申請すれば対応できるのかもしれませんが、仕事以外の事情とはいいづらいし、そういう使い方が可能か聞いたこと、確かめたことがないです）。

むしろ父親の子育て支援が必要

「夫のことはあきらめている」という母親もいる一方で、期待している母親もいる。父親が家事育児分担をもっとしてくれたら、「母親にゆとりができる」「父親が早く帰ってくるだけで、子育ては楽になる」という。

企業が女性の子育てを支援する制度を充実させるよりも、父親が育休を取得したり早く帰宅できるなど、父親の子育てを支援する方が良いという声もある。つまり母親だけを支援するのではなく、母親も父親も両方支援することにより、夫婦間の家事育児分担も容易になり、母親の働き方の選択肢も増えるというわけだ。父親と母親が交代で保育園にお迎えに行けるようにする。つまり週のうち何日か父親が保育園にお迎えに行って、子どもの食事の世話までできる日があれば、母親も仕事に集中できる日ができ、仕事へのモチベーションも上がるという意見もある。

母親が望む働き方はさまざまだ。子育て期は短時間勤務で仕事を減らしたい人もいれば、子育て期でも仕事に力を注ぎたい人もいる。短時間勤務でパフォーマンスの高い仕事をしている人もいれば、本人の負担軽減のためにと責任のない仕事ばかりしている間にマミートラックに陥り、本人のやる気も下がって職場でも二軍扱いになってしまう人もいる。みな自分の考える良いバランスで働きたいと願っているが、家事育児がすべて母親の負担ではそもそも選択肢がない。

中には保育園に入れなかったため、父親の育休取得と認可外保育園の利用で綱渡りのように仕事を続けている人もいる。この家庭の場合、父親が育児休業を取得できなければ母親は退職することになっていただろう。

昨年他の県から転居してきたが、保育所に入れず夫が育休→認可外→小規模保育→三月で出ないといけないので保活中……と、生活が安定しない。〔略〕企業は女性の働きやすさ（時短など）ばかり充実させているが、うちのように夫が育休を取ってくれるのが最も助かるのであり、子を持つ男性の働きやすさ改革に力を入れるべきだと思う。

二人目、三人目はとても考えられない

そして何もかも母親が担うワンオペ育児では、とてももう一人子どもを持つことは考えられない。

いつも夜は父不在ですが、週に一日一日早く帰ってきてくれるだけで母子共にもっとハッピーになれるのになあと思います。

子の父が残業などや休日がきちんととれることで子育てはずいぶん楽になっていくと思います。早く子育てが本当の意味で父母分担される時が来ることを願っております。

女性（母）一人で、子育てをするワンオペ育児では、二人目、三人目が考えられないので。〔略〕育児をする父親同士の交流の場が最近増えてきつつも、やはり少ないように感じる。

核家族化が進み、地域の知り合いもいない中での育児で母親は孤独である。その時に頼りになるのは父親だけだ。だが、その父親も何もできないと、母親は本当に追いつめられてしまう。

来年もうひとり出産予定なのですが、私、夫の両親共に住居が遠方であることや、主人の仕事が多忙であることから私の入院時の子どもの保育所への送り迎え、もし発熱してしまったら……など不安があります。

家族の形が変わり、両親の助けが得られなかったり、地域とのつながりがなく、夫の帰りが遅くて、戦力にならない状況の中、孤独に子育て&仕事をする女性はとても多いです。〔略〕家事や子育てを外注する文化がないので一人で抱えこんでしまいがちですし、その状況を客観的に見えないくらい外が見えません。

一人目の子が現在八歳で育歴八年の者ですが、やっとここ数年でパートナーと家事育児の分担を気持よくできるようになったと思います。一人っ子ならもっと早くこうなっていたかもしれませんが、ここまで時間がかかるのは、お互いがこうあるべきという勝手な考えがあったからかもしれません。母親はとにかく家の中で忙しいですから自分の気持を素直に伝える余裕さえなく、伝えようと思った時には怒りとしてパートナーを責める結果になりがちです。公共のサービスを利用すればよかったのかもしれませんが、たまに目にする残酷なニュースにそんな気は起こらずますます家に閉じこもってしまっていました。安心して子どもを預け、母親が自分と向き合える時間を作れる社会になれば夫婦仲も良くなり子どもの幸せにもつながります。安価で安心して利用できるサービスの提供を求めます。

夫婦で協力しても乗り切れない

夫婦で協力しても仕事と子育ての両立は並大抵ではない。平日は昼の仕事と朝晩の子育てで目まぐるしく、土日はたまった家事をこなしながら子どものケアもしなければならない。少しのゆとりもない生活で、たまには少しの時間でも子どもを預けて休みたい。核家族の子育てを支えてくれる、気軽に使える子育て支援のサービスがあればいい、という声もある。周りに頼れる人がいないため、何らかの外部サービスを使いたいが、気軽に利用できる適当なサービスがない。

夫婦とも休日が土日で、やることも山積み、他の人と交流できない。

土日が休みでも子どもたちとすごす（保育所休み）日となり、一人の時間や夫婦の時間がまったくないので土日に短時間でも見てくれる場がほしい。

うちは夫が帰宅が遅く、私も帰宅が一九：三〇～二〇：〇〇になってしまうので、夕食の支度が大変です。子育て世帯への配食サービス等、有料でかまいませんので使いやすいものがあればいいなと思います。子育てサポートの利用は手続き等汎雑なため、利用に至っていません。

家庭内のみ（夫婦二人）では子ども二人の育児と家事と仕事の両立は行き詰ることがあります。

父・母・子どもだけの核家族への対応を充実していってほしい。

頼れる祖父母がいない人はどうすればいいのか

夫婦で子育てしていて、かつ父親があまり頼れない時、緊急的な状況に陥った場合に頼りになるのは、日本では何といってもまず祖父母の存在である。

子どもが病気の時や急な残業、保育園の送迎などの祖父母の援助こそ、重要な子育て支援だという人もいる。また土日や祝日勤務など、保育園に子どもを預けられない人にとっては、祖父母が最後の頼みの綱になっている。だが、誰にでも頼れる祖父母がいるわけではなく、いたとしてもいつも祖父母を頼れるわけではない。

四月から、産前、産後の利用で二カ月間、小規模保育所に入所しました。就労事由での入所ではなかったので、育休中でしたが退所しました。その後六月に職場の健康診断で、母の病気がみつかり、二週間以上の入院、手術が必要になりました。退所してしまったため、再度入所することもできず、急な入院だったため、一時保育もいっぱいで、まだ四カ月の下の子を預ける所もなく、祖父母フル稼働で、通院、入院時を過ごしました。

祖母は病気のため、手足のしびれがある中、孫のためにとがんばってくれていますが、毎日負担をかけてしまっています。認可外に預けることも考えましたが、姉妹での保育料の減額免除がないのでやめました。

祖父母が遠方のため協力を得にくく、母親だけでなく、父親も勤務を短くしてほしい。〔略〕現実は父親が週休一日、夜遅いためしんどい。

祖父母のいる家庭が全員、祖父母に子どもを預けられると思っているような育児計画、子育ての行政はやめてほしい。自営業で自宅兼店舗だから子どもを見られると思うのならば、それにできるようリフォームするお金を出して下さい。

行政に対し思うこととしては、保育所の申請等にあたり「祖父母」の状況を聞く必要があるのか？　というところです。年金支給開始が引き上がり、高齢でも働いていることが珍しくなくなっているのに、また働いていないとしてもそのような方がそうそう乳幼児の世話ができるほど体力があるとも思えないのに当然のように祖父母を頼ることを優先させる姿勢には甚だ疑問です。

母親の実母に家事育児を丸投げ

著者は、本書で取り上げた調査の他に何人かの母親にインタビューをしている。その中にはフルタイムで働き続けている人もいたが、ある二人の母親は、フルタイムで働いているが家事育児のことでは夫婦でまったくもめていない、ストレスがないという。その理由は、その二つの家庭では母親の実母が同居か近居で、家事育児のほとんどを担っているからだ。

一つの家庭では、専業主婦だった妻がまずパート勤務、やがてフルタイムで再就職するにあたり、母親の実母と同居を始めた。祖母が子どもに食事もさせ何もかもしてくれている家に、夫婦はバラバラの時間に帰ってきて、祖母の作った食事を温めて食べる。妻の収入が一気に増えて生活も金銭的にゆとりができる一方で、「夫は家事育児を何も手伝う必要がないためハッピーだ」と妻は言う。

もう一人の家庭は、出産するにあたり実母から「子どもは全部私が見てあげる」と言われ、保育園の迎えから小学生になってからは学童まで、何もかもやってもらっている。彼女たちは、祖父母なしで他の共働き世帯がどう家事や育児をやりくりしているのか、想像できない、と言う。この二つの家庭は、基本的に家事育児は母親がするものであり、それができないのなら代わりに母親の実母が責任を担うということで成り立っている。そこには夫の役割は存在しない。

一方、別の女性(仮にAさんとする)は、子ども二人を育てながらフルタイムで働いていたが、「小一の壁」で退職している。原因は、職場の同僚に、同じように子どもを育てながら祖父母の助けを得て家庭責任などまるでないように働いている人がいたことだ。Aさんは、保育園時代より子どもが小学生になってからの方が、子どもの病気や休校で休みを取ることが増えた。ところが同僚の女性は休むこともなく何でもこなす。Aさんは、夫は管理職となって忙しくなり、とても家事育児を頼める状態ではなかった。職場の周りの人は何も言わなかったが、保育園時代よりずっと仕事の休みが多くなり、いたたまれずに退職したという[10]。

Aさんは「今は所得の高い夫に思いっきり働いてもらう方が、私の世帯には効率的」という。だが一方で「母親が何もかもするべき、という日本社会の性別分業には納得できない。祖父母の助けがないと働き続けられないのはおかしい」と語った。

介護、ひとり親家庭——支援の不足に追いつめられる母親たち

母親の中には孤独な子育てに追いつめられる人、子育てだけでなく介護も担うダブルケア状態の人もいる。しかし、これらの家庭でのさまざまな困難に対する十分な支援制度はない。結局、母親が孤独に耐え、あきらめなければならないケースも多い。

子育てというと「子ども」の方に着目しがちですが、「親」のケアもとても大切だと感じています。昔は祖父母や地域も担っていた子育てが今は各家庭の中だけでやらざるを得なくなってきています。このアンケートの問二七はその他に丸をつけましたが、負担に思うことは自分の時間がとれないことです。家事育児仕事その他雑務の中で息をつくひまがありません。特に小さい子どもが二人いるので、かまってほしいと言われたりして大変です。「ちょっと買い物に行くから、一時間だけみておいて」という事が仲良い親同士でも遠慮してしまい頼みづらいです。用事だけでなく、一人や夫婦で少し息抜きのために子どもを「気軽に」預けられるサービスがあればと思います。後は、病児保育の施設が駅から近くて預けやすい場所に増えればさらに助かります。そういうサポートが増えていけば「産後うつ」や「産後の夫婦間の危機（産後クライシス）」なども少なくなると思います。

働かないと施設等の利用料もお金がかかるので利用しづらいし、いつも子どもをかかえて行動しているので、とても大変です。会社には待機児童を待ってくれる制度はありますが、あまりにも長く休むと復帰した時のことを考えると怖いです（年子なので、二人分の育児休業を一気にしているため）。不満をたくさん書いてしまいましたが、保育園を増やしていただくこと、年子も優遇してほしいこと、働けない時でも安価に預けられる施設があれば助かると思うことです。

法規制でもしない限り、全ての親が育児に参加し分担することはできないと思うので、あきらめています。せめて、家事育児に加えて介護もしている世帯には何らかのサポートがあると助かるのにと思います。

子育て負担が重すぎて、もう子どもは産めないと考える人もいる。産前産後のケアはありがたいものの不十分で、タイミングが遅く必要な時には間に合わない。早い段階からもっとていねいな支援があればという要望もある。乳幼児健診時に相談しようとしても保健所にはプライバシーがない。

孤独に二人育児をすることが辛いし負担。三人目もほしいが育児負担を考えると無理である。

出産後、里帰りをしない人にとって、産後すぐに育児や家事を手伝ってくれる人がいれば心強いです(話し相手という意味でも)。実際は一カ月外に出ることもできず、育児ノイローゼになる友人も多かったです。新生児訪問はありがたかったのですが、もう少し早い時期に来てくれたり、少し話を聞いてもらえる時間があればいいなと感じました。また、四カ月健診の時に育児が辛くて、カウンセラーの方に話を聞いていただきましたが、多くの人がいる中だったので、あまり話すことができませんでした。産後うつ対策なのであれば、相談を受ける人は個室や仕切りがあった方が話しやすいのではないでしょうか。保健センターでは丸見え状態で相談するのも恥ずかしく思えました。

一人で子育てしている母親にとって事態はさらに切実だ。突発的なことが起こった時、たとえば自分が病気になったら、誰も代わりに子どもを見てくれる人はいない。子育ての責任が自分に集中するという問題は二人親世帯の母親も苦しめるが、ひとり親世帯の母親にとっては深刻な問題である。

今は子どもと私の二人暮らしで、仕事で遅くなってお迎えに行けないなどあってとても大変です。

仕事がない土日もときどき預かってほしい。一人なので常に子どもと一緒でなかなか自分自身のストレスを発散できない。病院も行きにくく、健康診断もあきらめてしまいがちです（この時だけそこで預かってくれるシステムでもありがたいです）。平日は働いているので役所に行く時間がないです。本庁でないとすまない場合の方が多く、やむを得ず会社を早退することも多い。ファミリーサポートも登録していますが、金額が高いし、預ける理由によっては預けにくく、ほとんど使えない。病児保育の時間も少し短いので朝と夕方は会社を遅刻又は早退しないと預けられないのは不便です。保育園から熱で呼び出しがある時も、ファミリーサポートにたのめず、というのが改善されると助かります。もしくはなんらかのサービスで病児保育までつれていってくれると助かります。他の市では市の補助で病児までタクシーで迎えに行ってくれるようなサービスがあるとききました。私が病気の時も、家まで子どもを迎えにきてくれて預けられるサービスがほしいです。連れていくのがもうしんどいので結局子どもといることになり、休めません。あまり残業はありませんが、突然の残業で保育時間を超えてしまう場合も困っています。要望ばかりですが少しでもひとり親の家庭が楽になるとうれしいです。

絡み合う子育ての経済的負担と家庭の壁

子育ての経済的負担についても多くの声が上がっている。さらに、母親たちの家庭での立場の弱さや時間のなさと合わせて、二重三重にストレスの原因となる。

保育料の負担の重さについての声は3章で取り上げたので、ここではまず、子育て全般の経済的負担についての声を紹介しよう。

お金が全てではないけれどやっぱり経済的負担は重くのしかかってきて家庭の雰囲気や人の気持を暗くしてしまいます。正直子育てってお金かかる。

もっとお金がかからず、将来への不安がなくなるようなサービスが増える事が願いです。

子どもにもあたってしまうことが増え、経済的にも余裕もなく人生辛い。

子どもを三人育てているので、教育費などにもっとお金をかけたいですが、現状できません。

母親たちの苦悩は、ただ「お金がない」という問題だけにはとどまらない。家事育児の負担が母親に偏っているために母親の雇用が不安定になること、そして経済的に弱い立場になることが、状況をより複雑なものにしている。

子どもを育てるのにはお金がいるため働きたいが、家事や育児に手間がかかり、そんなには働けず、時間給では収入も低くなる。子どもをもっとほしいが経済的に無理だという母親もいる。父親の稼ぎによる生活の安定が理想との声もあるが、これも母親自身が置かれている家庭と雇用の状況を踏まえれば、当然ともいえる。こうして、父親は「大黒柱」となることが期待され、家庭の壁は維持されていく。

子どもは多い方がいい!!　子どもたちの笑顔を見てると本当にそう思いますが、経済的な事と両立を考えると今の＊＊〔地名〕は少し生きづらいと思います。

産休や育休の間の金銭面のフォローがもう少しあれば助かります。〔略〕金銭面などがもう少しあれば次の子も産みやすいと思います。

子どもが多いとその分、病気で仕事を休まなくてはならない日が多くなる＝収入が減る。女性の社会進出を推進しているけれどやはり育児と仕事の両立は難しく思う。かといって家庭におさまるとなると収入面で不安です。主人の給料だけでは生活できません。本当は二人目がほしいけれど子どもを一人養うのにいっぱいいっぱいで、二人目を養えるのか不安。

父親の給料で、十分生活できるようになる事が理想である。消費税を上げたり、保育園利用をしやすい環境作りよりも、十分な給料を与えられるように各企業への支援をしてほしい。

問われるべきは無言の父親

これまで見てきたように、母親一人では家事や育児のすべては担えない。時に母親は孤立感に苛まれ、家事や育児の負担の重さに心が壊れそうになる。

母親を追いつめる家庭の壁を作り上げているのは何だろうか。母親は子どもがかわいい。自分が家事や育児をしなければ、子どもの命にも関わることも知っている。そのため母親は「自分がするしかない」と家事や育児をする。母親は母になったとたんに子どもを最優先し、子どものためにはどんな自己犠牲でも払うべき、という母性神話は、母親自身にも社会にも生き続けている。

二〇二三年になっても配偶者控除について国会で議論されているが、一九七九年に大平内閣が打ち出した「日本型福祉社会」という「専業主婦が無償で家事育児介護をすることが公的サービスの費用もかからず日本の成功の秘訣」という、都合の良い考え方が今も根強いことがわかる(11)。

そして、パートナーであるはずの父親が、母親にとっての壁になってしまう――、そこに母親たちの大きな苦悩がある。家庭の壁の背後には「男は仕事中心、女は家庭中心」という父親や社会全体の性別役割分業意識がある。確かに、若い世代ほど家事育児をする父親は増え、街でベビーカーや抱っこ紐とともに出歩く父親を見かける機会も増えた。しかし一方で、家庭のことについてはあくまで脇役にすぎないという意識は依然として根強い。母親たちは、父親が長時間労働で家事育児ができないことは理解しながら、「もっとできるはずなのに、してくれないし、わかってくれない」という悲痛な声を上げているのだ。実際、労働時間が減っても父親の家事育児時間は増えないという指摘もある(12)。

２章で触れたように、この調査は、「最も子育てに関わっている保護者」に回答をお願いしたが、回答者は「母親」が約九一％、「父親」はなんと約一％だった。子育てに「父親たちがいない」という事実こそが、日本社会における父親のあり方の一端を、はっきりと示している。いま問われるべきは、この無言の父親ではないだろうか。

そしてもちろん、家庭の壁は、父親たちを責めるだけですむ問題でもない。次章では職場の壁を取り上げるが、父親の長時間労働や性別分業の考え方は、職場によって強化されている。母親が子どものお迎えで定時に退社することは許されても、父親のそれを許容する職場は少ない。多くの職場で、そして社会の中で、男性はいまだに家庭の当事者としては扱われておらず、だからこそ父親の当事者意識も育たないままだ。

母親が家庭の壁を壊そうとすれば、それは目の前にいる父親だけでなく、父親の職場や〝社会の常識〟、祖父母などからの旧態依然としたプレッシャーとも格闘しなくてはならない。この壁は、途方もなく分厚い。毎日綱渡りのように仕事と家事育児をこなしている中で、母親には父親や周囲を変えていくだけのエネルギーが残っていない。「一億総活躍」「女性の活躍」の実態は、「男性は仕事、女性は家庭も仕事も」ではないだろうか。

ある母親は次のように記述している。「今のように子どもを産み育てることがすべて母親の選択であり、その責任も母親のみに集中させるようでは、少子化は進み納税も増えない」。

この言葉は、「安心して産める社会、産みたい社会」を作る努力をほとんどしてこなかった日本への憤りの声といえるだろう。

母親はもう一人子どもを産むことをあきらめ、日本の少子化は進行していく。

（1）　武石恵美子（二〇一九）「男性の仕事と子育ての両立支援―人材活用面からその意義を考える」『連合総研レポート』第三四五号、連合総合研究所、四―七頁

（2）　厚生労働省雇用均等・児童家庭局「雇用均等・子育て支援対策の総合的展開」https://www.mhlw.go.jp/www1/topics/profile_1/koyou.html　ここに当時のポスターも掲示されている

（3）　厚生労働省「イクメンプロジェクトとは」https://ikumen-project.mhlw.go.jp/project/about/

（４）　厚生労働省「令和二年度雇用均等基本調査」
（５）　日本能率協会総合研究所（二〇二一）『令和二年度仕事と育児等の両立に関する実態把握のための調査研究事業報告書』
（６）　中里英樹「実は手厚い日本の産休　海外からは、「なぜ男性使わないの？」」『丹波新聞』二〇一九年八月二四日 https://tanba.jp/2019/08/%e5%ae%9f%e3%81%af%e6%89%8b%e5%8e%9a%e3%81%84%e6%97%a5%e6%9c%ac%e3%81%ae%e8%82%b2%e4%bc%91%e3%80%80%e6%b5%b7%e5%a4%96%e3%81%8b%e3%82%89%e3%81%af%e3%80%8c%e3%81%aa%e3%81%9c%e7%94%b7%e6%80%a7%e4%bd%bf%e3%82%8f%e3%81%aa%e3%81%84%e3%81%ae%ef%bc%9f%e3%80%8d/
（７）　内閣府（二〇二一）『令和二年度少子化社会に関する国際意識調査報告書』
（８）　内閣府（二〇二〇）『令和二年版男女共同参画白書』四五頁
（９）　内閣府（二〇二二）『令和四年版男女共同参画白書』一三三頁
（10）　前田正子・中里英樹（二〇二二）「出産後の女性のキャリア継続の諸要因：女性の就労環境、「保活」、夫の家事育児に注目して」『心の危機と臨床の知』第二三号、甲南大学人間科学研究所、二三―四六頁
（11）　自由民主党（一九七九）『日本型福祉社会』研修叢書八、自由民主党広報委員会出版局
（12）　澁谷知美・清田隆之編（二〇二二）『どうして男はそうなんだろうか会議』（筑摩書房）の一七〇頁における社会学者の平山亮の指摘

第5章

性別分業でつながる家庭と職場の壁
職場の壁

働く女性の半数以上が非正規雇用

この章では、子どもを育てながら働く母親たちが直面する職場の壁について考えてみたい。

まず、前提となる働く女性全体の状況について見ておこう。二〇二一年には、全雇用者のうち非正規雇用の比率は、男性が二一・八％、女性は五三・六％である[1]。働く女性の半分以上が非正規雇用なのだ。

女性の非正規雇用者の数は増え続けてきたが、コロナ禍の影響で二〇二〇年は前年比で大きく減り、二一年にはさらに減っている。一方、女性の正規雇用者は二一年まで七年連続で増えて続けている。ただし、この正規雇用の増加は、二〇年、二一年の非正規雇用の落ち込みをカバーするほどではなかった。

より具体的には、雇用されて働く女性は正規・非正規を合わせて、二〇一九年が約二六三五万人、二〇年が二六一八万人、二一年が二六三四万人となっていて、二〇年には前年比で全体数も減少している[2]。これは、新型コロナ感染拡大の影響で、非正規の女性が多く働く小売りや宿泊・対人サービス業での仕事がなくなったことが大きな理由である。非正規の女性が職を失ったことが、そのまま女性の雇用者数全体を押し下げた格好だ。コロナ不況は「女性不況」ともいわれている[3]。

図5−1は、二〇二一年時点の女性の年代別就業率と正規雇用比率である。どちらも二五〜二九

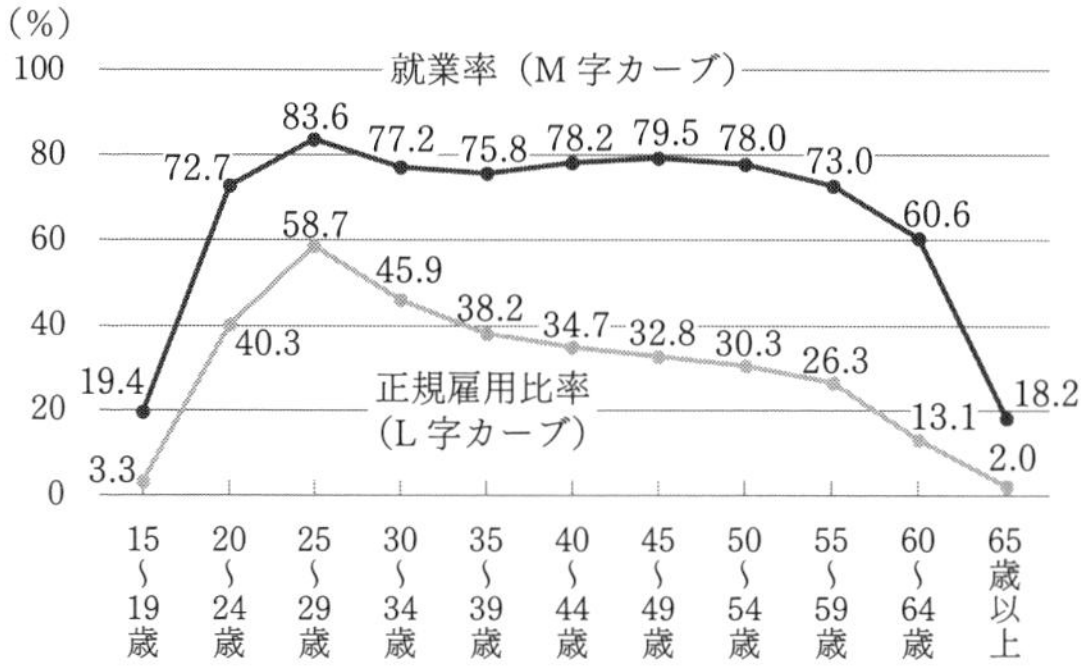

図 5-1　女性の年代別就業率と正規雇用比率（年齢別, 2021 年）

出典：内閣府（2022）『令和 4 年版男女共同参画白書』p. 130 より作成．元統計は総務省「労働力調査（基本集計）」

歳がピークで、就業率は八三・六％、正規雇用比率は五八・七％となっている。その後、年代を追うごとに、就業率はそれほど下がらないものの、正規雇用比率は大きく下がる。

四五〜四九歳は就業率が七九・五％と第二のピークを迎えるが、正規雇用は三二・八％で、この年代の働く女性の約七割弱が非正規雇用である。

このように、女性の正規雇用比率が二〇代後半でピークを迎えて、その後減少していく様子をL字カーブともいう。女性は結婚や出産などのライフイベントを迎えて正規の仕事を退職し、四〇代を過ぎて再就職する時は、パートなどの非正規雇用で働く、という流れが見える。家事育児の負担があるので、短い時間だけ働きたい／だけしか働けないという事情もあるだろう。また、一度退職し、働いていない空白期間ができてしまうと、正社員としての再就職が難しいことも考えられる。

共働き世帯は専業主婦世帯の倍以上　ただし大半がパート勤務

次に既婚女性の働き方を見ていこう。専業主婦世帯と共働き世帯の数を見ると、一九九七年からは共働き世帯の方が専業主婦世帯より多くなり、二〇二一年には共働き世帯が一二四七万世帯に対して、専業主婦世帯は五六六万世帯である（図5―2）。つまり、今は共働き世帯が専業主婦世帯の倍以上であり、専業主婦世帯の割合は約三一％にすぎない。また、妻が六四歳以下の夫婦世帯に限ると、専業主婦世帯の割合はさらに減って、二八％である。[4]

ただし、働く妻の多くが、就労時間が週三五時間未満のパート勤務である。妻がフルタイム（週三五時間以上の勤務）で働いている世帯数は、一九九三年の五二二万世帯をピークにあまり変化がなく、二〇一九年は四九五万世帯である。[5] 一方、妻がパートで働いている世帯数は、一九九三年の四〇五万世帯から二〇一九年の六八二万世帯と、三〇〇万世帯近く増えている。[6] 共働き世帯の増加は、主にパート勤務をする妻の増加によるものだ。

また、既婚で非正規で働いている女性のうち「非正規で働くのは不本意だ」と考えている人はわずか四・一％という調査結果もある。[7] 既婚女性の非正規労働者の多くは非正規のままでいいと考えているようだ。調査から見えてくるのは、既婚女性は、専業主婦であるよりは働くことを選ぶようになっているものの、働き方としてはフルタイム労働や正規労働よりもパート労働や非正規雇用が多い、ということだ。既婚女性自身もそのような働き方でいいと考えているように見える。

だが、それは本当に既婚女性が進んでパート労働や非正規雇用を選び、その働き方に納得してい

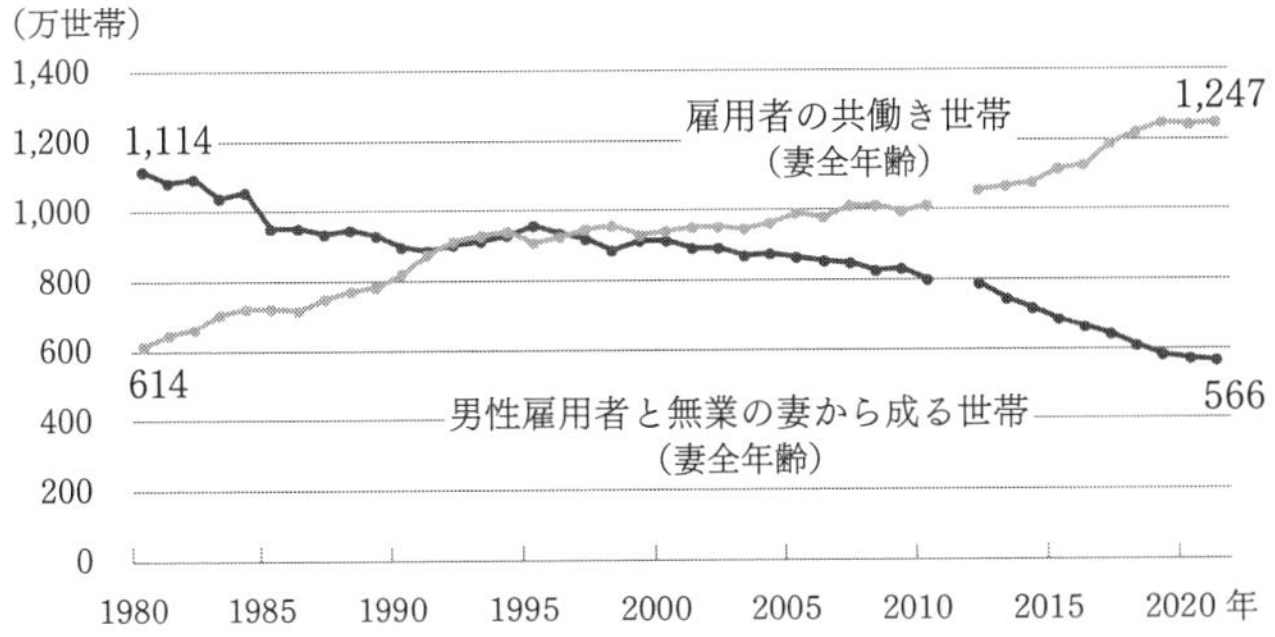

図 5-2　専業主婦世帯数と共働き世帯数の推移

出典：内閣府(2022)『令和 4 年版男女共同参画白書』p. 135 より作成.
注：1980 年から 2001 年までは「労働力特別調査」, 2002 年以降は「労働力調査(詳細集計)」より作成. 2011 年は東日本大震災により岩手県, 宮城県及び福島県の統計が欠落しているため未記載.

るということなのだろうか。

働く母の状況はどうなっているか

それではさらに的を絞って、子どもを育てている母親の働き方を見てみよう。図5-3は、本書で取り上げている調査を実施した二〇一七年と最新の二〇二一年の母親の仕事の状況をまとめたものだ。末の子どもの年齢別に、母親の働き方について、正規雇用者・非正規雇用者・その他(役員・自営業・家族従業員・内職など)に分類し、総数に対する割合を示している。これら以外の人たちは働いていないため、棒グラフの高さは、働いている母親の割合となる。

まず二〇一七年のデータを見てみよう。末子が〇歳の場合では、母親の二六・五%は正規雇用、一〇・〇%が非正規雇用、五・八%はその他と、合計四二・三%が働いていて、五七・七%は働いていない。続いて、末子が一歳になると、正規雇用二六・八%、非正規雇用

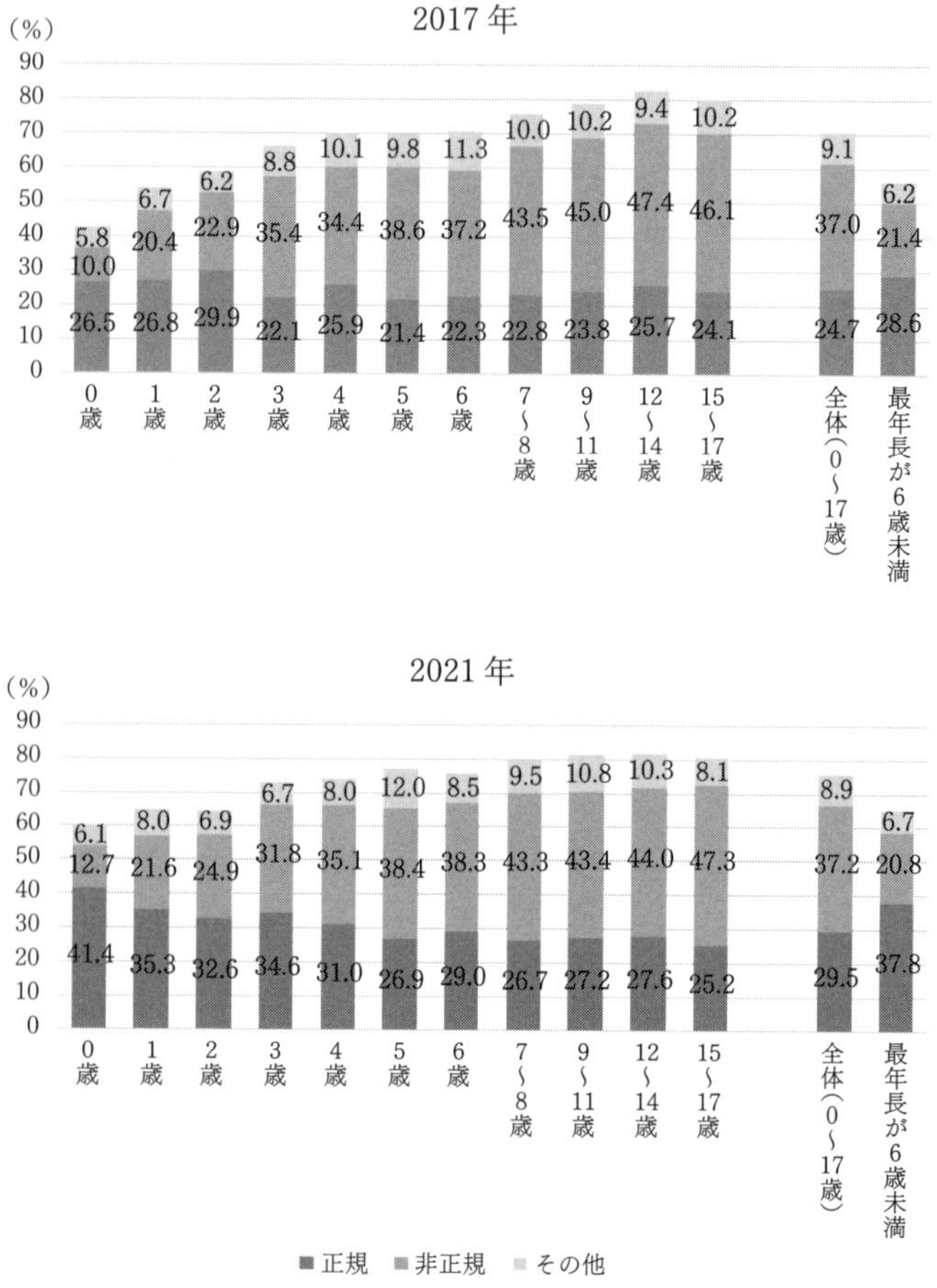

図5-3　末子年齢別に見た母親の就業状況

出典：厚生労働省「平成29年国民生活基礎調査」「令和3年国民生活基礎調査」より作成.

注：「その他」は,「仕事あり」から「正規・非正規の職員・従業員数」を除いた数. 各数値は末の子どもの年齢別の母親の総数に対する割合である.

二〇・四％、その他が六・七％と、合わせて五三・九％が働いており、末子年齢が一歳上がると母親の就業率も一〇％上がっていることがわかる。さらに、末子の年齢が七〜八歳になると、正規雇用二二・八％、非正規雇用四三・五％、その他が一〇・〇％と合計七六・三％となり、末子が一二〜一四歳になれば八二・五％の母親が働いている。このように、末子の年齢が上がるにつれて働く母親は増えているが、増えているのは非正規雇用で、正規雇用はほとんど変わりがない。

図の右端には、末子ではなく最年長の子どもが六歳未満の状況を示したが、正規雇用二八・六％、非正規雇用二一・四％、その他が六・二％と、合計五六・二％が何らかの職に就いている。就学前児童だけの世帯でもすでに半数以上の母親が働いているということだ。

では、なぜ正規雇用の比率がほとんど増えていないのだろうか。この図では末子の年齢が上がるほど出産から時間が経過するので、出産時点での世情や世代の違いも反映されている点には注意が必要だ。だが、これまでも見てきたように、いったん退職すると正規での再就職は難しい。だからこそ、妊娠・出産しても働き続けられる職場の人はその仕事を手放さない。つまり、制度や親の助けなど、さまざまな条件が揃って正社員として働き続けられる人と、できない人の格差が存在する。

次に二〇二一年のデータを見てみよう。まず末子が〇歳児の母親では、正規雇用が四一・四％、非正規雇用は一二・七％、その他は六・一％と、計六〇・二％の母親が職に就いている。一歳児では正規雇用が三五・三％、非正規雇用は二一・六％、その他は八・〇％と、計六四・九％となる。末子の年齢が上がるにつれて母親の就業率は上がっていくが、やはり増えているのは非正規雇用であり、

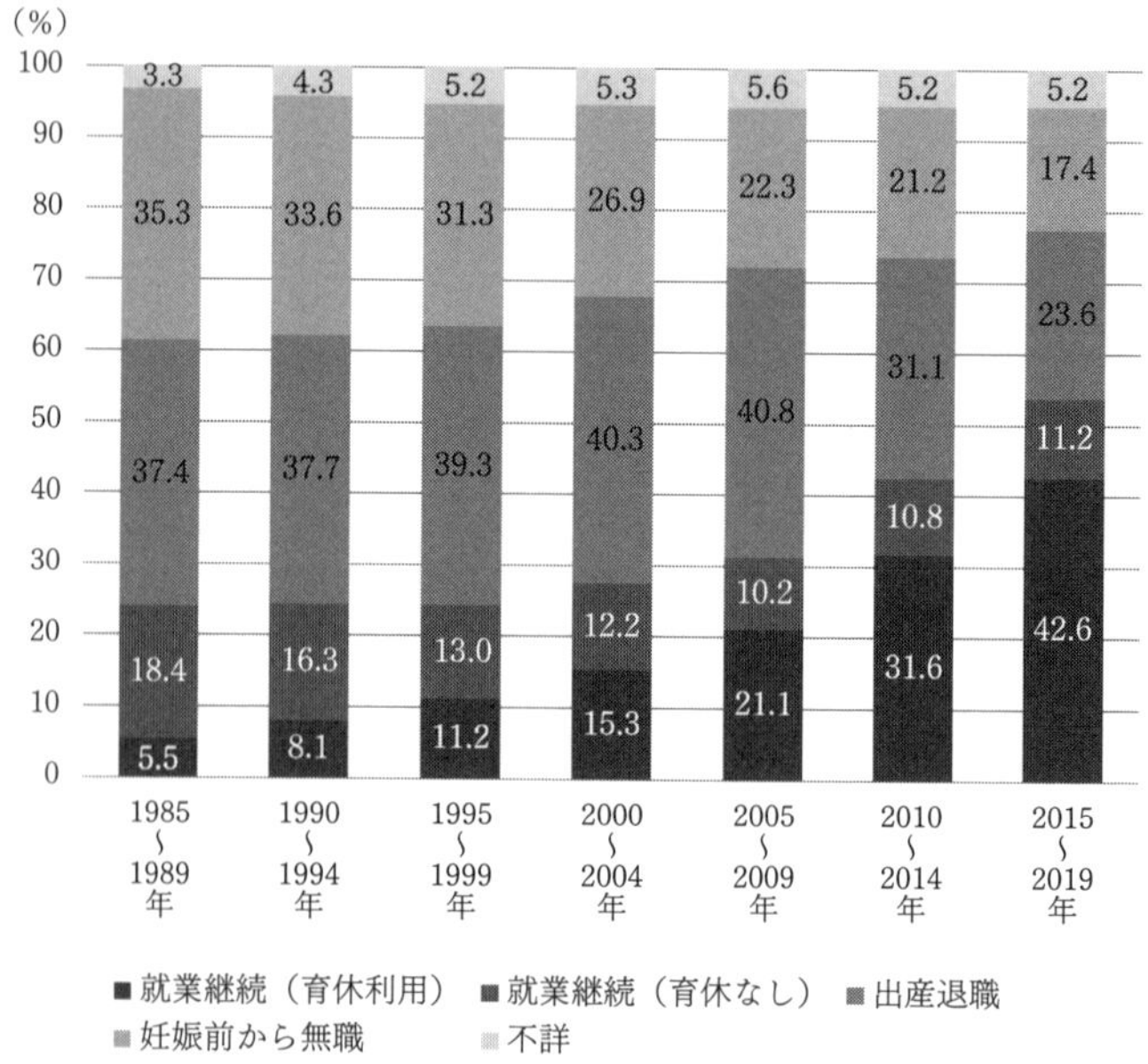

図 5-4　第一子を産んだ女性の出産前後の就業変化

出典：国立社会保障・人口問題研究所「第 16 回出生動向基本調査」より作成.

正規雇用は増えていない。

それでも母親の正規雇用比率は、すべての末子年齢において二〇一七年より上がっている。また、最年長の子どもが六歳未満の母親の正規雇用比率は三七・八％である。それだけ母親の就業が継続できる職場環境が整ってきたのだろう。だが本当に母親が働きやすくなっているのかどうかは、次の6章で見てみたい。

働く母親の間の格差

図5-4には、一九八五〜八九年に始まり、二〇一五〜一九年までの七つの時期に分けて、第一子を産んだ女性の出産前後の就業状況を示している。

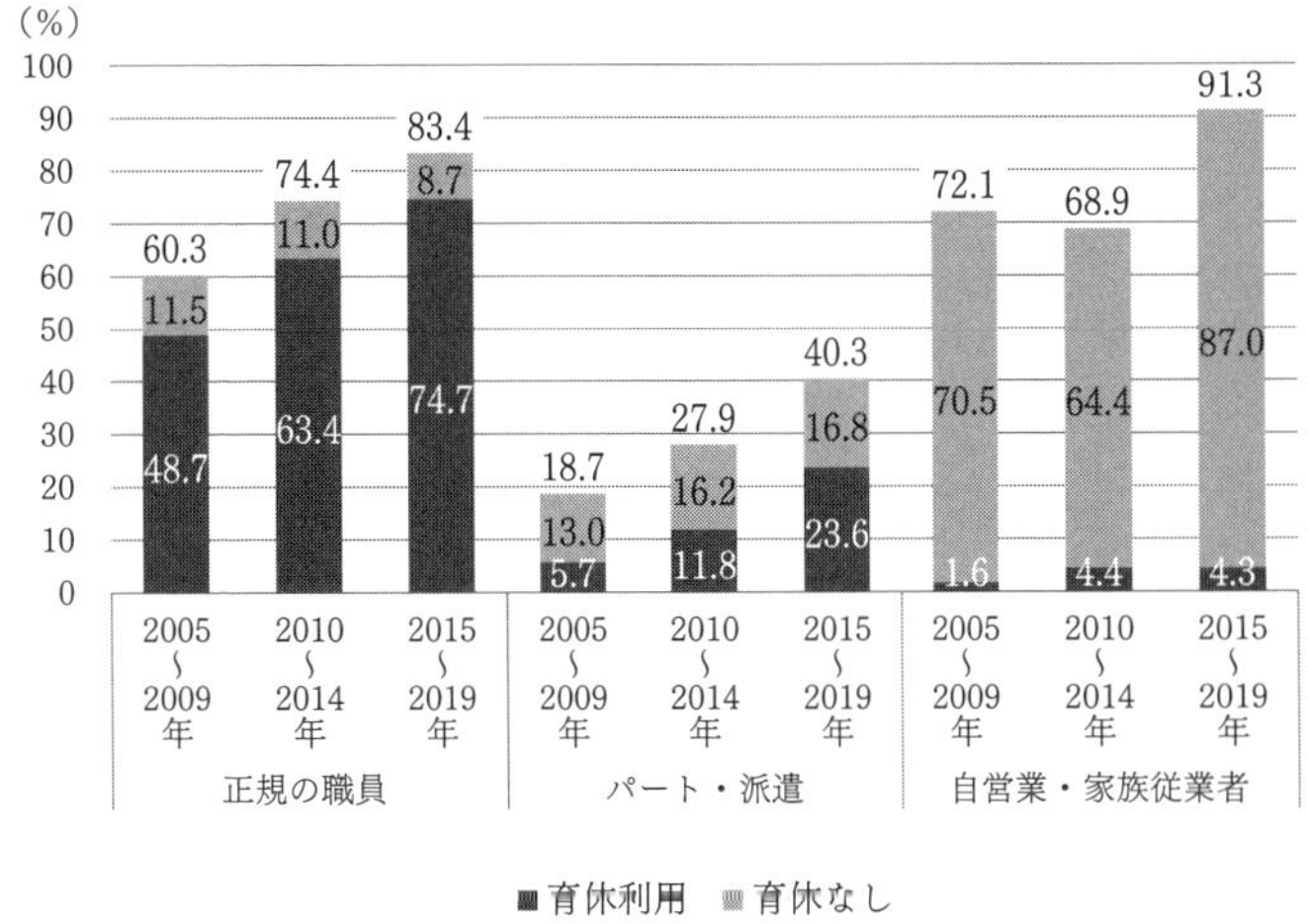

図 5-5　第一子出産前後の母の就業継続率(妊娠前の就業形態別)

出典：国立社会保障・人口問題研究所「第 16 回出生動向基本調査」より作成.
注：「正規の職員」「パート・派遣」「自営業・家族従業者」は第一子妊娠前の就業形態. 四捨五入のため「育休利用」と「育休なし」の合計は, 合計値と一致しない場合がある.

第一子を産んだ女性を一〇〇%とすると、最近になるほど就業継続(育休利用)が増えている。二〇〇五〜〇九年には二一・二%だったが、一〇〜一四年には三一・六%、一五〜一九年には四二・六%と倍増している。育休を取らずに就業を継続する人も増えているので、第一子を産んだ女性のうち出産後に就業継続した人(育児休業を利用した人、しなかった人を合わせて)は同順で、三一・三%、四二・四%、五三・八%となっている。

また、出産時に就業していた女性だけを見ると、第一子出産後の就業継続率(第一子が一歳の時も就業)は、二〇一〇〜一四年は五七・七%だったが、一五〜一九年には六九・五%となっている。この時期に急速に出産後も働き続ける人が増えていて、同じ時期に待機児童が増えていた理由もわかる。

この出産前後の就業継続率は、正規雇用やパート等かなど、働き方によって異なっている。図5-4と同じ女性たちについて、就業形態別に継続率を見たのが図5-5である。

正規雇用では出産後も就業を継続する人が増えており、二〇一五～一九年では、育休を利用して継続した人は七四・七%、利用せずに就業を継続した人は八・七%であり、合わせて八三・四%が働き続けている。

パート・派遣の女性の就業継続率も上がっていて、育休を利用して就労を継続した人は二〇一〇～一四年で一一・八%、二〇一五～一九年が二三・六%、利用せずに就業を継続した人は前者が一六・二%、後者が一六・八%である。パート・派遣でも育児休業を取得できるようになったことが就業継続につながっていると思われる。だが正規雇用とはまだ差がある。

また、自営業・家族従業者の就業継続率は高く、二〇一五～一九年は計九一・三%(育休利用者が四・三%、利用なしが八七・〇%)となっている。

一般的に正規雇用者は、非正規や自営に比べて育休利用などで有利だが、本書で取り上げている調査の自由記述からは、正規雇用者であっても育児休業取得が困難な人がいることがわかる。ましてや非正規雇用者の育児休業取得はより難しい。しかも保育園入所でも、労働時間の長いフルタイム勤務の人が優先される。A市の場合、育児休業取得者はさらに優遇されるので、就業状況の違いが、保育園をはじめ子育てを支援する制度利用の格差にもつながっている。

母は常に職場と家庭の板挟みになる

これまで見てきたように、母親たちは、子育て支援であるはずの保育園制度に翻弄され、パートナーであるはずの父親との家庭内での役割分担に苦悩する。そして、保育園、家庭に加えて、職場でも母親たちは壁にぶつかる。いわば三つの壁に囲まれている状況だ。

苦労して保活して保育園に入れた人、入所できず認可外保育園に子どもを通わせる人、幼稚園と預かり保育でやりくりする人、祖父母の力を借りられる人、さまざまな手段で何とか子どもの預け先を見つけられた人――、そんな人だけが働くことができる、それが働く母の実状である。しかし、こうしてやっとのことで職場復帰や再就職できたとしても、それはその後の仕事と家事子育ての両立といった、先の長い問題の始まりでもある。

働く母親たちは常に職場と家庭の板挟みに悩まされる。子育てしながら働く親を支援する制度は整ってきているが、利用できるかどうかは職場によって違う。また、制度が手厚くなればなるほど、子どものいない同僚には気兼ねしてしまうことにもなる。人手がぎりぎりの職場では、休む人が出れば誰かがその穴を埋めないといけないからだ。

しかも仕事はある程度計画的に進められるが、子どもにはいつも予想外のことが起こる。子どもの通院や早めのお迎えなど、ほとんどが母親の役割である。こうして母親は、突然休んだり帰ったりする、あてにならない社員という扱いを受けてしまう。

子育てしながらも職場で経験を積みキャリアアップをしていきたい人と、責任の軽い仕事だけでいいという人、それぞれの母親が求める働き方は異なっている。働く母にも責任ある仕事を任せるべきなのか、軽い仕事だけにすることが思いやりなのか、唯一の正解がない中で、どう折り合いをつけるのか、母親も職場も模索中である。

育児と仕事の両立に対する母親の立場や考え方はさまざまだ。一人の母親が複数の立場や考え方の間で揺れ動くこともある。育児と仕事の両立についての母親の考え方は大きく三つに整理できる。

第一は、母親の短時間勤務や柔軟な働き方を進め、より母親が子育てしやすいように職場環境の改善を求めるものだ。企業の子育て支援やワークライフバランス支援もこの視点に立っている。

第二は、保育環境の改善を求めるものだ。たとえば、待機児童問題の解決はもちろん、保育園の保育時間をより長くしたり、保育園を土日や祝日に開けたり、病児保育を充実させるなど、子育てをしていない人と同じように働ける環境を整備するべきだという声もある。

第三は、職場における性別役割分業の是正を求めるものだ。子どもがいる男性社員と女性社員の扱いを平等にするように職場全体が意識改革をする。女性社員(母親)ばかりが家事や育児を担うのではなく、男性社員(父親)も家事や育児を担う存在として認識し、長時間労働を是正し、育休を取得させる。そうなれば、男性社員も女性社員も、それぞれ同じように仕事を分担し、家庭では子育てや家事をすることが普通になる。そのことによってはじめて、母親はより働きやすくなるという考えだ。

第一や第二の考え方には、母親からの疑問の声もある。企業や政府が子育て支援の制度を充実させるのはよいことだが、それを母親ばかりが利用するのであれば、「家事育児をするのは母親」という性別分業を強める側面があるからだ。短時間勤務や子育てのための休暇を取るのが父親でなく常に母親という図式が固定化すれば、残業も含めた仕事優先の男性の働き方が職場の標準となるだろう。そんな職場では、家庭責任を担う人は、標準的でない働き方をする特別な配慮が必要な存在という扱いになり、職場のお荷物になりかねない。そうなりたくない母親は、「男並み」に働けるように長時間保育や休日保育や病児保育を求めるか、キャリアをあきらめるか、という選択を迫られる。そんな悪循環になってはないだろうか。

第三の職場の意識改革の訴えは、まさにこの第一や第二の考え方に対する疑問と関連している。短時間勤務によるキャリアの断念や、長時間勤務のための長時間保育の確保などの悩みやジレンマを、母親ばかりに押し付ける構造になっていないだろうか。

さらに、職場の性別役割分業という問題は、一つの会社の中で解決できるものではない。著者は数人の専業主婦にもインタビューしたが、その中の印象的な言葉を紹介しよう。

夫の会社は女性活躍や母親に優しいと有名で、母親になった社員は残業も転勤もしなくてよい。しかし、子育て中の女性社員が増えて優遇されるほど、他の社員にしわ寄せが行っている現実がある。代わりに私の夫のような男性社員は長時間働き、転勤も頻繁にある。そのため転勤族の妻である私は、資格があっても働けない。女性に優しい会社なのに、男性社員やその妻には恩恵はない。不公平でおかしい気がする。

子育てに無理解な職場

母親たちの自由記述からは、いまだに育児休業すら取得できない職場や、子育てに対して無理解な職場が多いという現実を見せつけられる。育休を取得できても、復帰後に職場の無理解に悩み、肩身の狭い思いをしている人もいる。

今の職場ではどうやっても子育てとは両立できないため、転職したいという人までいる。しかし、平日は働いているので転職活動はできず、週末は子どもを見なくてはならない。本格的に転職活動するには思い切って退職するしかないが、無職の状態で保育園に通えるのは三カ月間だけである。

育児休業から復帰したところ、子育てと両立しにくい日曜祝日の出勤のある職場に異動になった人もいる。子育てへの配慮がまったくないどころか、出産を責められているような状態で、新卒で入社し働き続けてきた会社を退職せざるを得なかった。これは退職に追い込むための異動ではないかと疑うほどである。

今春第二子の一歳のタイミングで復職しました。ありがたいことに希望する園にも入園できましたが、復職のタイミングで産休前とは違う部へ異動となりました。

異動自体はいいのですが、それまでの業務内容や勤務形態とは違っていたので〔略〕復帰前に何度か伝えていたにもかかわらず、異動先では何の情報共有もされておらず、自分の最低限の要求（保育園のない日・祝の休み希望、子どもの行事、急病による欠勤）も「社会人としてどうか」と言われ、その職場にいられなくなり退職にいたりました。
大卒から今まで勤めてきた会社を退職となり、とてもつらい思いをしました（今はパートを見つけ、自分のペースで働けていますが、〝会社員〟という立場はもう戻りません）。世の流れは〝働き方改革〟となっていますが、まだまだ人の気持は追いついておらず、結局そういう子育てにあまり理解のない人が世代交代しない限り完全によくなることはないのかと思います。

育休を取った人が気兼ねせずにすむには、同僚の負担が増えないように、職場全体の働き方にも配慮した仕組みが必要だ。最近では、育児休業取得者が出た職場の同僚たちを評価する企業も出るなどの前向きの動きもある。(8) しかし、どうすれば仕事と子育てが両立できるのか、多くの母親は悩むばかりである。

女性が社会に出ていくことがあたりまえになりつつある現在でも、職場では育児と仕事を両立できるような環境にはまったくなっていないのが現状です。家庭に仕事を持ち帰り、四六時中仕事のことが頭から離れず……。特に女性のみの職場では女性ならではの妬みやイジメがあり、両立できる環境にはなかなかなりえない。

仕事と子育ての両立のための「仕事」については、職場の人の理解と協力が必須だと思います。仕事と子育ての両立について……教えてほしいです。五月から育児休業を終えて、復職したのですが職場の上司の子育てに対する理解があまりなく、子どもが病気で休むたびに、とても肩身が狭く、働き辛さを日々感じています。

夫が単身赴任中です。会社は、家庭状況も含めて人事を考えてほしいと思います。

やはり個人事業主の会社で働いていると、現代の働く女性に対する制度がととのっていない。

何のために働いているのか、働くことが悪いこと(わがまま)のように感じることがある。

子育てしている人へのまだまだ理解のない会社で働いているので、休みにくかったり、職場へ子どもの体調でお迎えの連絡が心苦しい日常です。もう少し理解のある職場へ転職しないといけないか、せっかく一〇年以上働いてきたのですごく悩みます。

そして、保育園に入所できず待機になると、職場復帰日程のめどが立たないため、解雇の危機を訴える母親もいる。

待機児童となった際、会社へ解雇しないよう記した書類を作成してほしいです。安心して子どもをあずけ、仕事にしっかり集中し、休みの日思いっきり子どもと遊びたい。

育休を取ろうとしたら退職に追い込まれた母

本来、育児休業は望めば誰でも取得できるはずである。だが正規雇用であっても、育休が取得できない職場の人もいる。しかたなく妊娠・出産で仕事を辞めざるを得ないが、保育園にはますます入りにくくなる上、子持ちの女性の再就職が難しいことはこれまで見てきた通りだ。また、四月入所に合わせて早めに育休を切り上げて職場復帰する人も多いが、乳児であればなおのこと体調が安定しないので、仕事を休むことも多くなる。中には育休をめぐって会社と揉めたり、保育園入所の苦労から退職することになった人もいる。

どこの仕事場でも育児休業が取れるわけではないので、妊娠すると辞めなければならないことが多い。そして新しい職場を探すが、子どもがいることにより、受け入れてくれるところはとても少ない。もっと子育てをする母親が働きやすい職場が増えてほしい。育休を取りやすくしてほしい。

私（母親）の場合、産後六カ月で復帰するのが職場の慣例で認可外保育園に預けて復帰したが、体力が持たなくてカゼばかりひき、復帰が早すぎるためだと思った。一般的に０歳児四月入所のために職場復帰が早くなりがちなため、いつでも認可保育園に入れたらいいと思う。

自由記述の中には、非常に詳しく自分が経験したつらい状況を書いてくれた人もいる。少し長くなるが、全文を紹介したい(回答者の特定を避けるために、一部の日時を伏せ、記述の表現も変更している)。

＊年の＊月に子どもを出産しました。普通でしたら保育園が決まるまで、産休育休を取って仕事に復帰すると思いますが、私の会社では育休を取らせてもらえませんでした。仕事も辞めたくなく、保育園も生後八週で入れる園も見つからず主人と話し合いをし、主人に仕事を辞めてもらい、私は仕事復帰しました。
産後八週での仕事復帰、フルタイム、忙しい仕事でしたが、私の方が主人より収入もあり、仕事を辞めたくはありませんでしたので、無理して働きました。乳腺炎になったり、不正出血になったり、体調不良は常にでした。保育園もなかなか見つからず、私の収入だけではきついのと、寝不足と体調も限界で、会社に「育休をとりたい」と伝えました。

その翌週から粗探しされたり、退職勧誘されました。育休を取らずに働くか、辞めるかその二択しかありませんでした。労働局にも何回も電話しましたが、何もかわりませんでした。やっと無認可ですが、職場の近くで見つけました。主人もこれで仕事が出来ると思い、仕事を決めました。しかし慣らし保育があると会社に伝え、しばらく半休を取りたいと伝えると、「バイトじゃないんだから」と激怒されました。

私も主人も限界でした。会社と私達夫婦で話し合いになりました。その時ありえない暴言をはかれました。「育休取れる会社に行け」「法律や権利を主張するなら、そんなやついらん」等。その時のことが、原因で体調が悪くなり、強行で育休申請書を出しました。許可はされましたが、それから何回も嫌がらせ、辞めるようにと会社から電話がかかってきました。そのせいで、私の体調は日に日に悪くなり、現在心療内科に通っています。会社も話にならないので、弁護士に依頼しました。
＊月に労働審判をすることになりました。結局訴えたので仕事も辞めなくてはならなくなりました。なぜ、当たり前の育休を取りたいと言っただけで私はここまで会社からやられなくてはならなかったのでしょうか？　労働局はただの相談窓口にすぎません。まじめに無理して頑張った人が損をする、この現状を分かってほしいです。
育休は取りたいと言ったら絶対取れる、だけど会社はそれを拒むことで何の罰もない。弁護士に依頼をした今でも会社から電話がかかってきたり、育休の延長をしたいと言うと何の手続きもしてくれず、直接ハローワークで聞いてくれと言われました。保育園もない、育休も取りにくい、共働きでないとやっていけないのに。そのことを少しでも理解していただけたら幸いです。

そもそも日本の従来の働き方を求める会社では、女性には子育てと仕事の理想的な両立は無理だという声もある。その現状をポジティブに捉え直して転職して活路を見出す母親もいるが、ジレンマの中で複雑な想いを抱く母親もいる。

男性社会の枠組みの中で、女性の理想の暮らしを手に入れるのは難しいと思うので、まったく違う価値観で仕事・生活の区別なく生きていけたらいいなと思います。キャリアを中断するからこそ、見えてくることもある。夫が脇目もふらず働いてくれているからこそ、女性はリスクがあっても挑戦できる。〝男性に追いつく〟のではなくて、まったく違う人生の選択をすることで〝女性がうらやましい〟を作ることを目標にしたいと思っています。その思いから小さなベンチャー企業に転職し、子連れ出勤や在宅勤務を交えながら、快適に働きはじめました。〔夫は家事育児を：著者補足〕がんばってしてくれてますが、仕事が忙しくなるとまったくしてくれなくなるので、すべてが私にかかってきます。子育てをもっと集中してしたいという気持と、もっと働きたいという気持とが入り混じって複雑です。

「働く母親が増えたことが少子化を招いた」「女性の就労支援は少子化を進めた」という議論があるが、子どもを産み育てるための収入が必要だからこそ、母親たちは働こうとする。自由記述には、仕事と子育てが両立できる環境であれば、第二子・第三子を産めるという声もある。しかし、職場の状況や働き方が、安心して子どもを産むことを許さない現実がある。

男女〔夫婦〕ともに、フレックスタイムや時短勤務などの制度が利用できると両立は難しい課題でなくなると思う。もう少し時間的金銭的余裕があれば第三子を望む気持もある。

短時間勤務でもワークライフバランスは難しい

短時間勤務(時短)で仕事を続ける母親も多い。育児支援で時短の制度が整っている会社であればこそ可能だが、職場で嫌味を言われたり、肩身が狭い思いをしたり、実際に短時間で帰るのは難しいという記述があった。そもそも短時間で終わらない業務量を割り当てられている人もいる。子どもを育てる親の短時間勤務を義務化してほしいという声まである。

仕事と家庭の両立はなかなか大変です。私の勤務する会社では制度は整っていますし、実際に制度を使ってはいますが、子育て中や時短ということで嫌味をいわれることもあります(おそらくどこの会社でもあると思います)。結果、時短といいつつ定時まで働いている日も多く、もっと子育てに理解のある社会であってほしいなと思います。

短時間勤務で就労していましたが、制度は充実しているものの、やはり短時間では帰宅するのは心苦しくなる職場の雰囲気であったので、半ば強制的に三歳未満の子を持つ親は短時間勤務しなくてはいけないという制度を作ってほしいです(もちろん働きたい方は例外的にＯＫ)。

保活で疲れ復帰してからも時短や早退などで気をつかって疲れ「子どもは可愛いからがんばれるよね?」という根性論に疲れ、どこで休めばいいんでしょう? あと、育休中の人(仕事をやる気がある人)には手当が出るけど、働く気はあるけど仕事をやめてしまったり、さまざまな理由で働けない人には冷たいなと思います。

私自身産休・育休を取得し、復職後も部分休業制度を利用し普段はフルタイムより短い時間の就労としています。〔略〕「子育て」のためだけでなく、全体としての労働環境の整備が必要です。

また、短時間勤務は給与が減るので、育児休業手当よりも低くなる場合もある。名目上は短時間勤務で収入も減っているにもかかわらず、実際にはその時間内で帰宅できずに延長保育の保育料を支払うことになり、働く意味が見出せないという声もある。たとえ一時的には収入が低くなっても、長い目で見ればキャリアを継続する意味はあるはずだが、あまりに子育てしながら働くことの負担が大きく、先のことが考えられない状態に追い込まれているのかもしれない。

認可外保育へあずけ仕事に向かいます。いろいろな制度があるにはありますが、実際ふり分けられた業務が時短勤務内で終わるはずもなくギリギリのところで帰宅し、子を迎えに行きます。もちろん延長保育です。費用も重なり職場でも時短勤務の割安な給料で、、何のために働いているのかよくわからなくなってきました。女性の社会進出と声高らかな時代で、それにそった制度も充実してはいますが、実際働きながら子育てしていると何だか疲れてきました。何かいい意見が言えたらいいのに何を書いたらいいのか。ただの愚痴しか書けません。すいません。

迎え時間の関係で時短勤務(一二〇分時短)をしているが、その今の給与より、育児休業取得中の手当の方が多いことに気づいた。がんばって働いていても虚しさを感じてしまう。

短時間勤務かキャリアか　母親だけがジレンマに直面する

短時間勤務によって、より子育てに時間が使えてよかったと思える人ばかりではない。母親自身も仕事と子育ての間で揺れている。もっと子どもと関わりたいという気持と、もっと仕事に力を入れたいという気持に引き裂かれているのだ。

短時間勤務をしながら責任ある立場で働く人は、あまりに負担が大きく、非正規になることも考えるという。会社側は子育て中であっても職業人として期待しているのだと思われるが、出産後に実際に働き出してみないと、自分がどこまで対応できるのかわからないものだ。子どもは丈夫か、夫がどこまで家事育児を担うのか、状況はそれぞれ異なっているし、母親自身も、昇格を望むのか、仕事の責任を減らしたいのか、何が自分にとって最適なのか判断できない時もあるだろう。

子育てと仕事の両方が大切なのは当然のことで、優先順位をつけるのは難しい。本人と会社側が状況に応じて、働き方を変えていくのは難しいだろうか。そしてなぜ、このようなジレンマに直面しているのは、母親ばかりなのだろうか。

現在、時短制度を利用して勤務しているが、現状時間通りに退社する日はなく、保育園の迎えに余裕のない状態である。非正規雇用への転職を考えるものの、二人目の妊娠を想定すると、育児休業の取得が困難な可能性が高く、今の子どもの退園も考えられるため、ジレンマを抱えているところである。早く退社することへの後ろめたさが少なくなり、堂々と育児時間を確保させてもらえるようになればいいなと思う。また、復帰前と変わらない責任ある立場にあることは想像していた以上に厳しく、ありがたいことではありながらも負担も大きく感じる。女性のキャリアとして、非正規↓正規への雇用形態の変更などがもっと柔軟になればと願うところ。ぜいたくかもしれないが、今は育児にも時間・労力をかけ、後々バリバリ働くというのが理想である。

会社では時短制度があり、仕事と子育ての両立は何とか図れるものの、昇格と子育ての両立は厳しい気がしています。

また、子どもが小学生になっても短時間勤務を利用したいという声もある。「小一の壁」で見たように、短縮授業や長期休暇のある小学生の方が、母親が働くのはずっと大変になるからだ。

育児休業期間の延長ではなく、短時間勤務制度を利用できる期間を小学生以上も対象とする等、働きはじめてからの支援を全国的に充実してほしい(給与面でも保障があればより理想)。

時短勤務が小学校入学前で終わってしまうと仕事(週五、時短終了後は17:45までの勤務)を続けていくのは難しく、不安を感じる。職場の子持ちの女性社員も同様の意見。

非正規は産休も育休も使えない

多くの場合、非正規労働者の母親は正規労働者の母親に比べて、本来は使える余地がある育児休業や短時間勤務などの制度利用が難しい。非正規やパートで働く母親たちは、二人目を考えているがパートなので育休・産休が取れない、妊娠・出産すると退職になってしまう、退職すると子どもも保育園を退所せねばならない、といった悩みを訴えている。また、そもそも非正規は長時間働いても収入が低く、生活が安定しないという嘆きもある。一口に職場の壁といっても、正規労働と非正規労働の母親では、異なる現実に直面している。

今後二人目の希望をしていますが、パートのため育休がもらえない→離職→子どもの保育園退園と考えると二人目のタイミングをすごく悩んでしまいます。妊娠による仕事の離職に関しては、産後一年で働くことを条件に子どもが退園にならない制度を作ってほしいです。

非正規採用であっても利用できる育児支援制度。子育てをしていない人にしわ寄せがいかないような体制作り。社会全体で子どもを守り子育てをする意識。

同じ時間、またはそれ以上働いても正規より非正規の社員の方が給料が低く、子どもも長時間保育所に預けることになり、不公平を感じることがある。ゆとりを持った子育てができるように非正規社員の給料がもっと上がって、短時間労働でも生活が成り立つようになってほしい。

子どもの病気が「職場の壁」を高くする

さらに、働く母親にとって大きな問題となるのが子どもの病気である。病児保育の充実を求める声もあれば、親がもっと休めるようにしてほしいという声もある。また、職場・会社・社会が「病気の子どもの面倒は母親がみる」のが当然と考えていることにも、母親たちは憤っている。

保育園での行事や病気などで仕事を休むことが多く、有休も足りず欠勤となってしまう。（病児利用等も含め）病児保育が可能になればもっと仕事に負担なく（職場でのイヤミに合わずに）両立できると思う。〔略〕男性（父側）も子育て参加できるような職場&社会環境、給与保障制度があれば、子どもの将来不安（教育費問題）も少しは解消されるのにと思います。

子どもが六歳未満の場合は体調を崩しやすい、保育園等休ませる場合を想定した保護者の休暇代替を立てられるように制度として整っていくとありがたい（理想ですが、、、）。現在休んではいけないとは言われないが、休むと職場の負担になる。

病児保育制度はあっても使いにくい、祖父母の手伝いがないとフルタイム勤務は無理なのだろうかという声もある。

一番困るのが子どもが急に病気になった時。〔略〕「実家の援助が受けられない世帯はフルタイム勤務で子どもを産んではいけないのかな、、」と時々悲しくなります。

病児保育も申請しましたが、Ｄｒの診断書が必要であり、結局のところ仕事を休んで病院へ行く必要があります。

両実家が気軽に育児支援を頼める距離にないためフルタイム勤務共働きがかなり大変です。〔略〕病児保育も一応登録しましたが、自宅から遠く、開園閉園時間に合わせると結局仕事に行けるほどの時間が取れません。医師に書いてもらう書類もあるのでどうしても仕事を休むことになります。

また、女性の過半数が非正規雇用で、サービス業や宿泊、販売などが中心なので、土日や祝日に働かなければならない人や、土日勤務を休むために有給休暇を使わなければならない人もいる。祖父母に預けるのにも限界があり、土日に保育園に子どもを預けられるようになれば仕事と子育てが両立しやすくなるという声もある。また、長時間労働があたりまえの職場で働く母親からはもっと遅くまで子どもを預かってほしい、という要求も強い。

フルタイムで共働きの場合、保育所の開所〜閉所まで預けないと働き続けることが難しいのだが、保育所からは一七時頃のお迎えが望ましいと言われるので、預けることができても安心して働くことにはつながらないと感じます。子どものことを考えて言ってくれていることも理解できるが、生活のために働いている身としては精神的につらい部分がある。

土日(祝)中心に働かないと収入が満足にないので、保育所は土日祝も預けられて平日に好きに休めるようにしてほしい。〔略〕結局近くの祖父母を頼らないと働けない社会なのでたいへん困る。病気になったとき体力のない祖父母に預けると祖父母も体調を崩すし自分は仕事を休めなかったりする。働かなくてもいい補助もなく、働かないと貧しいレベルでしか生活できないからやっぱり働きたい。

日曜日・祝日メインの仕事なので、日曜・祝日も預けたい。〔略〕子どもを産みやすい、育てやすい、仕事と両立しやすい環境になってほしいです。

保育園の年末年始の休みと会社の休みに差があり、有休をとらざるをえない。

休日勤務や長時間勤務の負担のしわ寄せが、長時間保育という形で子どもに行くことに懸念を抱く声もあるだろう。しかし、このような声が出てくる背景には、父親ではなく母親に育児負担が集中している現実がある。

子育て支援制度が性別分業を固定化する

母の職場の育児支援制度を充実させることが何をもたらすか、あらためて考えてみたい。先に述べたように、制度の利用が母親に偏ったままでは、「母親が子育てすべき」という性別役割分業の強化につながり、むしろ負担を増やしていると、母親自身が感じている。母親が育休を取り、短時間勤務となって仕事を減らし、家事や育児を引き受ける一方で、父親は子どもが生まれる前と同じペースで働き続けている。母親にとっての「職場の壁」は、少なくとも同じような形では、父親には存在していないのだ。

子育ての制度が整うほど、子育てと家事の負担が女性によりふりかかってくるように感じることがある。〝早く帰宅できるから、家事ができて当然〟など……。

共働きだと、いつも母親が休む必要があります。〝子どもが風邪や病気の時は母が休む〟ということがあたりまえのように思っている会社が多いように思います。

職場環境は今はとても恵まれていますが、結局男性はなかなか制度が利用しにくいので、女性に負担が来るように思います。

父親が母親と同じような職場の壁に直面していないという事実は、父親の職場に問題がないということではない。４章で見たように、父親の長時間労働は「家庭の壁」の要因の一つである。家事育児を一方的に担うことで仕事の両立に苦しむのが母親の「職場の壁」であるならば、パートナーである父親が家庭との板挟みを経験せずに仕事ばかりを優先する（させられる）ことによって生じるのが、母親の「家庭の壁」なのだ。

このことを端的に表現した自由記述があるので紹介したい。家庭と職場での性別役割分担が表裏一体であることに、母親たちは気づいている。

家庭での方針などもあると思うが、まだまだ育児と家事は母親の仕事。父親の仕事が重要視され、子どもたちに何かあった場合の対応は母親がすべて担う。〔略〕逆に職場から見ると、女性が家庭を優先させるため、男性に負担が行くのでは？

母親の会社に父親の会社がただ乗りしている

働き方に関わる子育て支援制度は、本来は母親と父親の両方のためのものであり、男性も制度を利用して、早く帰る日や子どもが病気の時に休んでもいいはずだ。そうなれば、おのずと家庭と職場の両方に存在する性別役割分担も解消されるだろう。だが、現実は必ずしもそうなっていない。

現在父母共にフルタイム就労をしています。共に従業員一万人以上の大企業に勤めており、育児に配慮いただいていますが、母に比べ父に対する配慮が足りず、母の就労（キャリア）に影響を与えざるを得ないことが日常ほとんどです。男性に対する育児の配慮を企業に義務化するレベルで日本の風土を変えていくことはできないか、今後そうするべきではないかと思います。子どもを持つことで父母どちらかが何かをあきらめなければならない国は、少子化の流れは止めることはできないのではないかと考えます。

小学校に上がるまでは精神的にも肉体的にも子育ての負担は多いので、子育て世代があたりまえにフレックスで働け、収入の保障もされなければ、生産人口は減る一方だと強く感じます。女性も将来のことを考えると働きたいと思っている人が多数であるだろうけれども、幼児期の子育て負担が大きいために一時期働くことをあきらめている方も多いはずです。もっともっと子育てや介護世代、これに限らずどの世代もその家庭や事情に合わせた働き方を受け入れられる社会でないといけないと強く感じています。

また、母親ばかりが子育て支援の制度を利用することは、母親を雇用する職場や会社に負担がかかるという指摘もある。いうなれば、父親側の会社は、母親が勤める会社の子育て支援制度にただ乗りして、父親を長時間働かせているということではないだろうか。

私たち夫婦は二人とも比較的小規模な事業所に勤めていますが（勤務先は別々）、育休をとるのは女性ばかり。女性を多く雇う職場にダイレクトに負担がかかっており不公平に感じます。育休を取得者のいる事業所とその配偶者を雇用する事業所とで負担を分担する（代替要員確保のコストを負担するとか？）方法があればいいのにと思います。

また、育児のためだけに短時間勤務などが導入されても、子育てしていない人にはメリットがないため、子育てをする母親自身も引け目がある。職場の誰もが使えるフレックスなど柔軟な勤務制度を導入した方が、結局は父親も利用しやすくなるという意見がある。

育児のためと限定せずに、フレックスタイムの導入や有給休暇の取得促進がされれば、母親も仕事と子育ての両立ができて父親も家事や育児の分担を増やせると思います。育児のためだけに制度をつくっても母親しか利用できなかったり、利用できても職場から迷惑に思われるのが現実なので、誰でも利用できて育児をする人にも有効な制度が理想です。

男性の産休・育休を義務化してほしい

これまでの政策論議は、「母親のワークライフバランスの実現のために、子育てをしている母親が働きやすい労働環境を」というものが多かった。もちろんこれはとても大事なことだ。

しかし、家庭内での父親と母親の家事育児分担は、父親と母親が職場でどのように働けるかということと表裏である。父親の職場でも同じように子育て中の社員を支援し配慮すれば、母親の職場の負担だけが重くなることもない。父親が会社から早く帰り、もっと家事育児に関われるようになれば、母親は思い通りに働けるし、働く意欲も維持できる。父親の働き方や職場が変わらない限り、自分たちのワークライフバランスの問題も解決しないことを、母親たちはよくわかっている。

４章でも触れたように、「働き方改革」などのかけ声もあって長時間労働は減りつつあり、一九九〇年には男性の二二・四％が週六〇時間以上働いていたが、二〇二〇年には七・七％に減っている。だが、子育て期だと思われる三〇代男性では九・六％、四〇代男性では九・九％が、週六〇時間以上働いていることが調査から明らかになっている。(9)

最近はだいぶましになってきましたが、職場の理解（同じ課内で職く同僚）が必要不可欠なので、男性が家庭内（子育て、家事）の用事で帰宅するのはあたりまえぐらいにならないとよくなったとはいいにくい。

男性の育休推進、残業規制、男性の職場の理解等、夫の帰宅が早くなると、ワンオペ育児でも少しは楽になります。

異性側の仕事が週二日でも決まった曜日は早く終わり、保育所等お迎えできれば、女性も仕事をできるし会議も出られるし、かなり残業して満足に働けると思う。育児も家事も仕事もしなくてはならず、すべて中途半端になり、モチベーションが下がる。結局パートにしても、さらにモチベーション下がる。

まだまだあたりまえのように子育てが女性にのしかかる負担は大きく「いくめん」などの言葉だけがもてはやされていることにいらだちを感じることが多いです。

男性だけの給与で一生安泰な時代は終わってしまったので、日本全体で何か良い取り組みができれば、男女で仕事・家事・育児を全力で楽しめていくのかなと思います。

育児介護休業法の改正で、二〇二二年からは男性版産休取得(産後パパ育休)をより奨励する制度となった。会社は社員に育児休業を取るかどうかを確認しなければならない。まずは、出産直後の体力のない母親の負担を減らすために夫が助けることが目的だ。さらに、父親が出産直後から子育てに関わることによって、その後の家事育児に関わる動機づけにしようという趣旨もある。

だが、制度ができたことと実際に本当に父親が育休を取得し、その後も家事育児を担えるかどうかは別の問題である。日本社会において、男性がいかに育児休業を取りにくいか、いかに残業を切り上げて早く帰宅することが難しいか、母親たちも理解している。そこで出てくるのが、男性の産休や育休を義務化してほしい、あるいはそこまで踏み込まなくても、実際に男性が育児休業を取れる社会になってほしいという切実な声である。

法律で産後一カ月は父親も育休必須にしてほしい。

〔男性の〕育休等は取りにくいと思うので、各企業の規程や法律で強制的に取れる仕組みがあるといいと思う。たとえば、産後一年間のうち一〜二週どこかで育休を取ることなど。

男性の育児休業が北欧並みにとれる社会環境になってほしい。〔略〕短期間ではなく、数カ月、数年、男女共に育休がとれる環境が理想です。

職場と家庭の壁は性別分業でつながっている

日本社会では、現在も多くの職場が、家事や育児・介護など家庭責任を負わない人、いいかえれば仕事に一〇〇％労力を注げる人を標準として成り立っている。それは、家事・育児・介護を一手に担う専業主婦がいる男性労働者の働き方である。

そこに子育て中の母親が入っていくことで、いくつもの壁にぶつかることになる。そもそも子育て中の社員を歓迎しない、育児休業や復帰後の配慮もない職場では、出産、あるいは妊娠したならば退職するしかない。また、多くの非正規雇用の人は育児支援制度の利用から排除されている。

「家事や育児は母親の責務」という価値観を背景にした、母親だけに配慮した育児支援では、父親の長時間労働は改善されず、母親は結局ワンオペでの仕事と子育ての両立から逃れられない。母親の職場だけが子育て中の社員への配慮が求められるのもおかしい。父親も家事育児を担う存在として職場で認識されない限り、共働き夫婦の性別分業は固定化されてしまう。
さらに、母親社員に配慮した分だけ他の社員の労働が強化され、長時間働けるその社員には家事育児を一身に引き受ける専業主婦やパート主婦の妻や母がいるという、社会的な悪循環が形成されてしまうのだ。
働くことはしんどいだけではない。やりがいもある。そうやって前向きに子育てしながら働ける母親や父親が増えればどれほどいいだろうか。普通に仕事もして、安心して子どもも育てることができる社会の条件とは何だろうか。

仕事は生活のためでもありますが、人に必要とされるということはがんばり甲斐につながり、子どもと一緒に過ごすときに離れていた分ももっとがんばろうと思います。子どもとともに何かできるイベントなどをもっと利用できたらと思います。

現在、子どもを認可外保育所に預け、両親ともに働いています。〔略〕先々の不安もあり、私もあまりブランクを空けず働いた方がよいと考え、仕事に出始めました。正直扶養に入っている方が得ですが、その分自分のスキルが落ちることを考えると働かずにはいられませんでした。〔略〕また、子どもをみながら、働きながらの保活は想像以上の負担です。

子どもを産み育てながら普通に働きたい。ただそれを実現するためだけにも、保活から家庭での家事育児、職場での気兼ねと、母親たちは大変な労力が必要である。

女性が、仕事か子どもかを選択しなければならない状況はいかがなものか。

私の子育ての悩みは「安心して子どもを預けながら仕事をすることに、非常にお金と労力とを使わないといけない」ことです。

子育てと仕事のやりくりは少なくとも一〇年は続く。第二子、第三子と生まれればもっと長くなる。どのように子育てを担う社員の能力を高め、生産性の高い仕事をしてもらうのか、それは会社にとっても重要な課題のはずだ。四〇代、五〇代になれば親の介護を担う人も出てくる。少子化できょうだいも減っており、何の家族責任も負わない社員など一握りしかいないはずだ。

もちろん、母親が描く理想の働き方も解決の道も多様だ。しかし、その前にある職場の壁と家庭の壁は、「性別役割分業」という点でつながっている。

(1) 内閣府(二〇二二)『令和四年版男女共同参画白書』一二八頁
(2) 内閣府(二〇二二)『令和四年版男女共同参画白書』一二八頁より著者試算
(3) 内閣府(二〇二一)『令和三年版男女共同参画白書』三頁
(4) 内閣府(二〇二二)『令和四年版男女共同参画白書』一三五頁
(5) 内閣府(二〇二〇)『令和二年版男女共同参画白書』一九頁

（6）内閣府（二〇二〇）『令和二年版男女共同参画白書』一九頁
（7）内閣府（二〇二二）『令和四年版男女共同参画白書』一二九頁
（8）江崎グリコ株式会社は職場全体で育児を応援する仕組みや風土づくりのために、「Co育てPROJECT」という取り組みを実施している
（9）内閣府（二〇二二）『令和四年版男女共同参画白書』一三三頁

第6章

子ども罰とコロナ禍

——母の壁は変わるか

子ども罰の国、日本

これまで見てきたように、保育園入所と母親の生活や人生はどのような関係にあるのかに着目した著者らの調査が浮き彫りにしたのは、母親が直面する保育・家庭・職場の壁の存在であった。母親たちの肉声からは、「なぜ母親だけが子育てのすべてを背負い込まなくてはならないのか」「なぜ子育ては母親だけの責任なのか」という思いが溢れ出てくる。

1章でも触れたが、日本に限らず、どの国でも母親になることはその女性の収入を減らしてしまうことを「子ども罰(チャイルド・ペナルティ)」と呼ぶ。妊娠・出産をきっかけに仕事を辞めたり、育児のために働く時間を減らしたりするからだ。ただし「子ども罰」はあくまでも、子どもを持つことによる労働収入の減少だけを示すものであり、子どもを持つことそのものをペナルティとしているわけではない。子どもが親に与えてくれる金銭には代えられない喜びなど、子育ての持つ価値は考慮されていない。そして収入の減少は、主に子育ての負担を担う母親にもたらされることから、子ども罰は、母親になることの罰(母の罰、マザーフッド・ペナルティ)とほぼ同じだと見なされる。

古村典洋[1]は子ども罰(母親になることでどの程度収入が減少するか)を、日本の二〇〇〇年代のデータから推定している。日本では、出産前の五年間に正規雇用の経験のある女性だけ取り上げても、その収入は短期的にはマイナス六〇%、中長期的に見てもマイナス四〇%になる。一方、男性の収入にはほとんど変化はない。
さらに先進各国の子ども罰を推定した研究(2)では、母親の長期的な収入のマイナスはデンマークで約二一%、スウェーデンで二六%、イギリスで四四%、アメリカで三一%、オーストリアで五一%、ドイツで六一%と推定されている。このデータは、日本だけでなく欧米諸国でもそれだけ子育ての負担が母親にかかっており、退職したり仕事をセーブしなくてはならない状況を示している。
子育てしながら働きたいという母親が保育園に入れず、退職せざるを得なければ、深刻な子ども罰をもたらす。また、家事育児の負担が母親に重くのしかかれば、思うように働くことができずに収入が減り、ますます家事育児は収入の低い母親の仕事となってしまう。著者らの調査が明らかにしたのは、まさに子ども罰の実態といえるのではないだろうか。

支援を求めているのは〝今〟です。スピーディーな対応をぜひよろしくお願いします。

このように調査票に書いていた人の願いはどうなっただろうか。調査当時の二〇一七年には、A市では四月時点ですでに保育園は満杯で、年度途中で入ることはまず不可能だった。2章で触れたように、その後、A市だけでなく全国的にも待機児童は減っており、全国の四月一日時点で見ると、二〇一七年には二万六〇八一人だったが、一八年には一万九八九五人、一九年に一万六七七二人となり、二〇二二年四月一日の待機児童は、二九四四人である(3)。だがいくら減ったとはいえ、待機児童のいる自治体はいまも存在する。また、入れなかった一人ひとりにとって深刻な問題であることに変わりはない。しかもこの他に、待機児童の定義に当てはまらない保留児童、いわゆる隠れ待機児童は約六・五万人弱いる。その人たちにはそれぞれの事情があり、保育園を利用したくてもできない人が、まだまだ大勢いる。

確かに一時期よりは保育園に入りやすくなったが、それで子育ての問題が解決したわけではない。さらに二〇二〇年に始まったコロナ禍により、いっそう母親たちの子育て負担は増すことになった。

コロナ禍が推し進めた少子化——一一年早くなった

二〇二二年に一段と待機児童が減った背景には、予想より急速に進む少子化がある。妊婦がコロナ感染するとリスクが高く、受け入れてくれる病院も少ない。移動が制限され、里帰り出産もできなければ、陣痛の時も家族の誰も立ち会えない。とても安心して妊娠・出産できないと考える人が増えてもおかしくないだろう。千葉県柏市では、コロナ陽性の妊婦の受け入れ病院がなく、二〇二一年八月には自宅で出産し、赤ちゃんが死亡した事例まで出ている。二二年八月にも、神戸市でコロナ陽性の妊婦が受け入れ病院がなく自宅で出産して、赤ちゃんは低体温症で救急搬送されている。このような状況で、どうやって安心して妊娠・出産できるだろうか。

結局、婚姻数の減少もあり、少子化が一気に進展することとなった。二〇二二年の出生数は前年比約五％減で八〇万人を下回り、七九万人台になる見通しである(外国人などを含む速報値)[4]。政府の二〇一七年の推計では出生数が八〇万人を下回るのは二〇三三年の予定だったが、それより一一年も早くなってしまったのである。

ＮＨＫの調査[5]によると、二〇二二年四月時点で、東京二三区の認可保育園の半数で〇歳児保育が定員割れしているという。子どものコロナへの感染リスクを下げるために、育児休業を取得できる人はなるべく長く取得して、保育園を利用せずにすむように預け控えしているためだ。

また、コロナは働く母親だけでなく、専業主婦にも深刻な影響を与えた。自由に出かけることもできず、多くの子育て支援事業や親子の居場所となる施設が休みとなったり、オンライン開催になるなど利用制限がかかり、必要な支援も受けられなくなった。子ども同士の関わりも激減し、ちょっと人と会って愚痴を言い合うことや相談もできず、在宅で育児をする親たちの孤立は深まった。コロナは子育てや子どもの環境を悪化させ、母親の子育て負担をさらに重くしたのである。

女性不況　コロナに追いつめられた女性たち

コロナは女性の就労にも深刻な状況を招いた。女性が多く就労し、しかも非正規雇用比率が高い宿泊や飲食、小売りといった対人サービス業が大きな打撃を受け、女性の雇用が脅かされたことから、コロナ不況は「女性不況」ともいわれる[6]。『令和三年版男女共同参画白書』の分析[7]によると、末子が小学生以下の子どもがいる女性は、子どものいない既婚女性に比べて、就業率が大きく下がっている。休校によって子どもの面倒をみないといけないことや、感染への不安が大きいことが影響しているからだ。同じ理由で、仕事探しを止めている人も子どものいる女性の方が多くなる。子どもを育てていることによって、働けなくなる可能性が一層高くなるのだ。

だが仕事を辞めて家にいることが可能なのは、もう一人の稼ぎ手、つまり夫のいる女性である。ひとり親であれば働かなくては暮らしていけない。しかも、シングルマザーの五割以上が非正規雇用者である。非正規の場合、仕事のシフトが減ったり、勤務先が休業になると収入が減ってしまう。二〇二〇年の調査によると、年末に向けて暮らし向きが苦しいと回答したひとり親は六割強であった。(8) コロナは、より立場の弱い人を追いつめているのだ。しかもコロナは短期間には終わらず、影響は三年にもわたって続いた。二二年の夏は第七波で感染が拡大し感染者数は増え続け、九月に入ってやっと下がったが、冬にはコロナとインフルエンザの両方が流行し、第八波となった。

コロナがもたらした新たな保育・家庭・職場の壁

それではコロナ下での保育の状況がどうだったかを見てみよう。

コロナが始まった頃、二〇二〇年三月からは突然臨時休校となり、保育園登園の自粛要請などもあった。最初は一部の都府県だけだった緊急事態宣言も、四月からは全国に出された。感染者の有無によって、登園自粛の実施は分かれたが、登園自粛下でも医療関係者などのエッセンシャルワーカーの子どもは預かるはずだった。ところが実際は、登園の自粛要請も自治体ごと、さらには保育園ごとに対応が異なり、保護者の不公平感も強かった。保護者の中には「医療関係者の子どもを預かるな」とクレームをつける人までいたという。自治体にしても保育園にしても、何が正解かがわからない中で対応を迫られ、[9]親たちも振り回された。二〇年四月一六日には、全国で一六八の保育園が休園となっている。[10]

だが、コロナはそれでは終わらなかった。

二〇二二年に入ってからの第六波の感染は多くの子どもや保育園にも広がり、突然の保育園のクラス閉鎖や休園が相次ぎ、さらに多くの親たちが右往左往することになった。二二年二月当初のピーク時には、全国で七七七カ所の保育園が休園した。国立成育医療センターの発表によると、二一年八〜一二月のデルタ株の時に比べ、二二年一〜三月のオミクロン株では、三八度以上の発熱やけいれんを起こす子どもの比率が上がっている。[11]子どもが感染すれば、看護する親にも感染する可能性は高い。だが、親子で療養できる施設などなく、親子で感染した世帯はどれほど大変だったろうか。

しかも二〇年の登園自粛から延々とコロナの影響を受けて、何度も欠勤したり勤務先の休業も続き、収入が減るだけでなく仕事を失った人までいる。

二二年夏の第七波では、感染者がかつてなく増える中で、保育園の休園を避けるため、多くの自治体では保育園の濃厚接触者の特定を取りやめるようになった。それでも感染は広がり、保育士の負担も重く、休園や子どもの感染リスクに親はおびえるばかりだった。二二年八月一一日には一三八の保育園が休園となった。この他に、全面休園ではないものの、クラス閉鎖をしているところもあり、保育園に入所できても、いつどうなるかわからない状況で子育てをすることになったのである。
自分の子どもだけの病気の時とは異なり、コロナによる保育園の休園は、予測不可能な新たな保育の壁となった。

コロナ下のクラス閉鎖や休園——保育の壁

コロナ感染が広がり、保育園の休園やクラス閉鎖が頻発する中で親たちはどうしていたのだろうか。二〇二二年三月に保育園の利用者に対して、著者らが実施した調査の一部を紹介したい。調査は、コロナの第六波(二二年の一〜三月)によって休園やクラス閉鎖のあった一三の保育園(所在地は北海道・秋田・埼玉・滋賀・大阪・兵庫・奈良・広島・福岡の九道府県)の利用者を対象に実施し、四〇二人(母親三六一人・父親四一人)から回答を得た。調査対象となった保育園の在園児童数は一五六三人だが、クラスが閉鎖にならなかった在園児は調査対象外である。

保育園の休園やクラス閉鎖の期間が一週間以内だった人は約五割弱、一〜二週間が三割弱、二〜三週間が一割強、三週間以上が一割強となっている。一カ月以上休園になった人も一六人いた。

休園の仕事への影響を見ると「仕事を急に休まざるを得ないことがあった」人は七割強、「仕事を十分にこなせなくなった」人は四割弱、「勤務日数を減らした」人や「勤務時間を減らした」人、「収入が減った」人は、それぞれ二割強である。「職場に申し訳ない気持になった」人は六割弱いた。また、三人が保育園の休園によって仕事を辞めている。

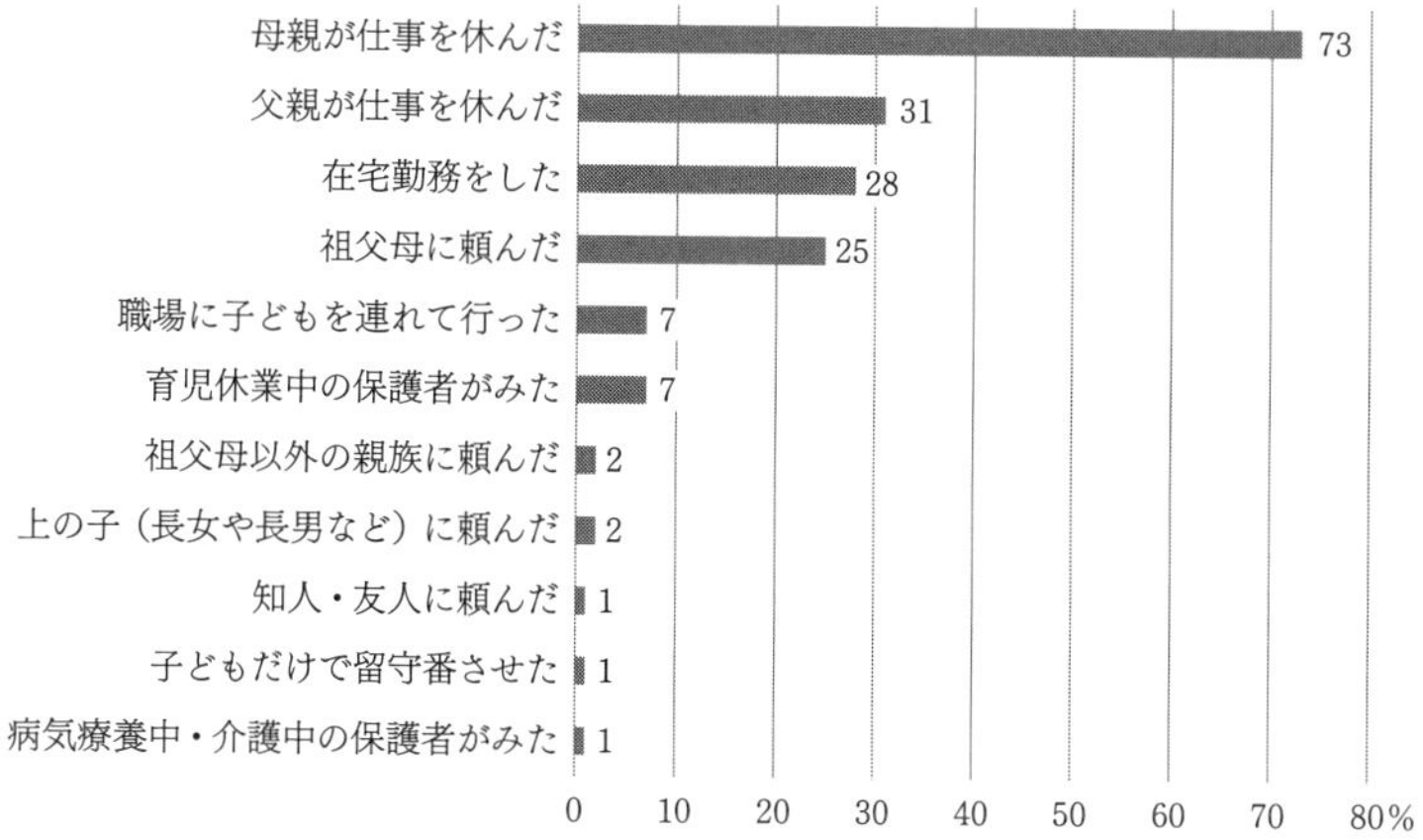

図 6-1　保育園休園やクラス閉鎖の時に，子どもの保育をどうしたか

注：有効回答者数は 399 人であり，複数選択を可としている．

それでは、休園になった間、子どもの保育をどうしていたのだろうか。調査では選択肢の中から複数回答で選択してもらった（図6-1）。「母親が仕事を休んだ」が七三％、「父親が仕事を休んだ」が三一％、「在宅勤務をした」が二八％、「祖父母に頼んだ」が二五％である。やはり祖父母の助けがあるかないかで、子育て世帯の負担は大きく違ったようだ。中には「上の子に頼んだ」人が六人、「子どもだけで留守番させた」人が四人いる。

保育園の休園やクラス閉鎖が保護者の生活にどのような影響を与えたかも聞いてみた（図6-2）。「ストレスを強く感じることがあった」人は五八％、「体力的につらくなることがあった」人は三八％、「休園がいつまで続くかわからず途方にくれた」人が三一％、「先々の生活が不安になることがあった」人が二七％、「このままだと働き続けられないと感じた」人が一九％、実際に「経済的に苦しくなっ

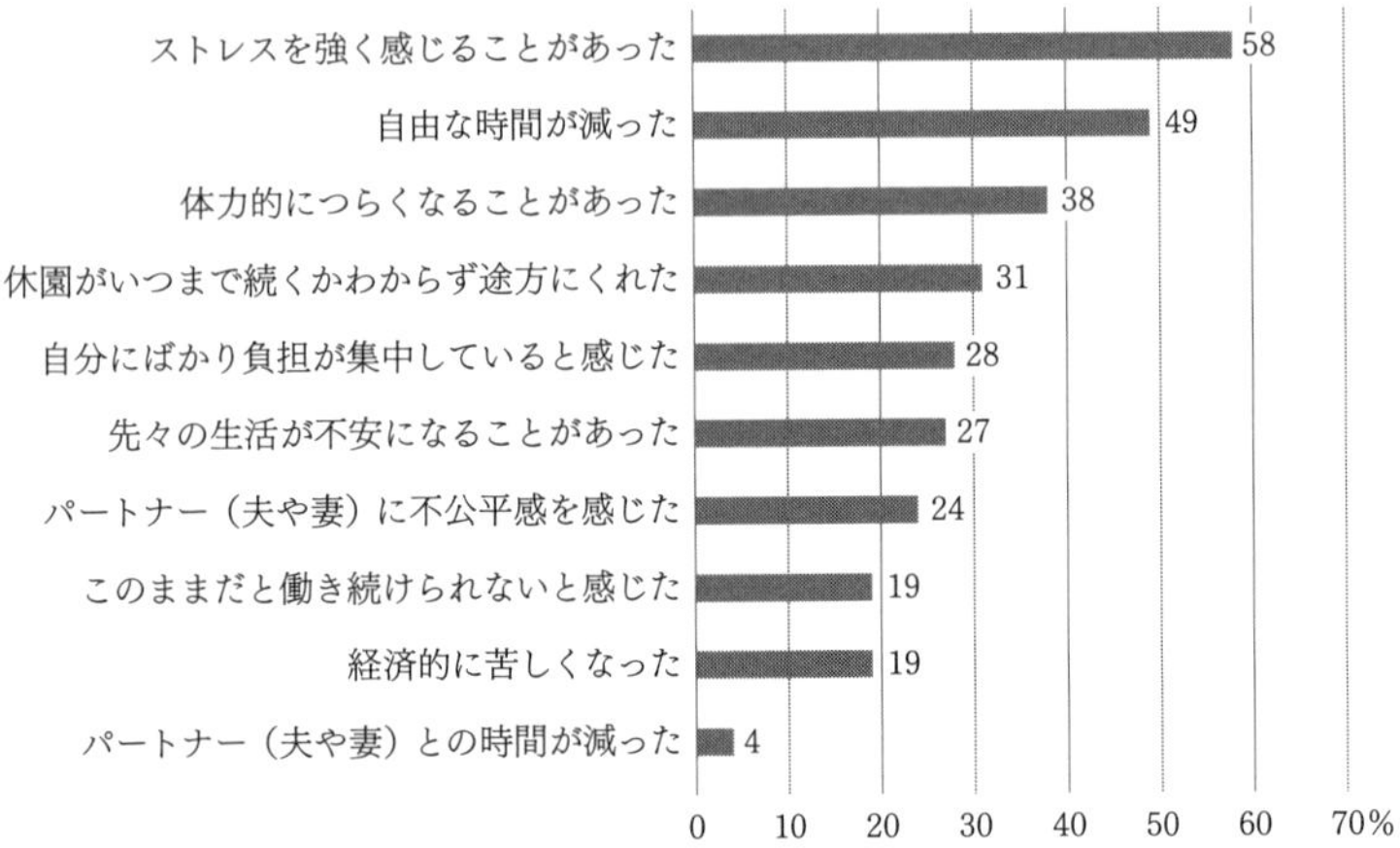

図 6-2　保育園の休園やクラス閉鎖は，あなたの生活や感じ方にどう影響したか

注：有効回答者数は 369 人であり，複数選択を可としている．

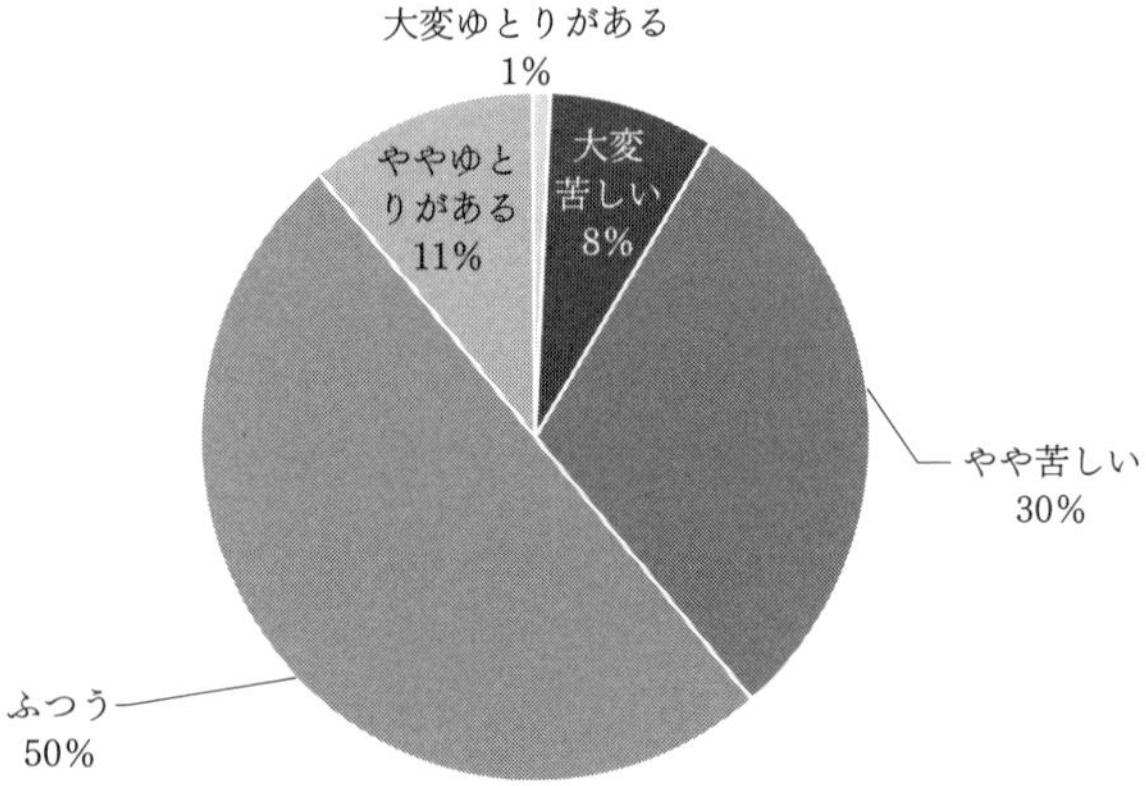

図 6-3　暮らしの状況を総合的に見てどう感じるか

注：有効回答者数は 402 人．

た」人が一九％となっている。休園の間の育児や家事の分担を巡ってだろうか、「パートナー（夫や妻）に不公平感を感じた」という人も二四％いた。

この質問の自由記述欄には「保育園のありがたみが身にしみた」という記述もあれば、「誰も頼ることができないとわかった」と休園のつらさも窺える回答もある。また、「しかたないことだと受け止めた」「コロナが増えており、子どもが感染するリスクが減る方がよかったので、休園がよかった」という回答もあった。

暮らしの状況については、「ふつう」は五〇％だが、ゆとりがある人（ややゆとりがある＋大変ゆとりがある）は一二％、苦しい人（やや苦しい＋大変苦しい）は三八％となっている（図6-3）。

一人で何もかも背負う母親――家庭の壁

コロナ下で母親たちが、家事や育児をどうしていたかを、調査の自由記述から見てみよう。やはり母親ばかりが仕事を休んだり、負担が大きいことへの不満が見られる。

お互いさまでしかたのないことだとは理解しているが、一週間のクラス閉鎖が明けて二日目にまた一週間クラス閉鎖になった時は職場への影響が大きく大変だった。二週間夫は一日も休んでおらず、夫婦間の不公平が浮き彫りになった。

家庭の問題、夫婦間の問題なのかもしれないが、保育園が休園になるにあたり、それだけではなく子育て全般にいえるが、母親にばかり負担がかかることに悩む。夫の世話もしないといけない分、ひとり親の方がマシなのでは？ と考えてしまうが、休園で母親が休む分、父親には働いてもらわないと困るし、堂々巡りです。

中には、自分がどうしても仕事を休めず父親が仕事を休んだ世帯もあるが、それが相手の職場での立場を悪くしたのではないか、と悩む声があった。父親が子どものことで仕事を休むことは、まだあたりまえの社会ではないからだ。

就学前の子どもであるため、生活リズムや、保育園最後の楽しみや友達との関わりが減ったことが今後大きな影響を与えるのではないかと悩んでいる。自分の職場には休園の際の特別休暇がない。有給休暇を使うしかない。なので相手に休んでもらうしかなく、相手の今後の出世にも響くのではないかとも悩んでいる。相手に休みをお願いするばかりで申し訳ない。また、相手は子どもといる時間が増えてストレスがたまったと思う。毎日自分が働く前に抗原検査を受けるのもつらい。そのため夜勤を交代してもらわなければならず、肩身も狭かった。収入も減った。

在宅で仕事ができる人は恵まれている、ともいえるだろう。だが実際には、家で仕事をしながら子どもの面倒もみるのは並大抵ではない。何もかも一人でしないといけないので、感染の不安と家事と仕事の負担で疲れ果てている母親もいる。在宅で仕事といっても、日中は子どもの面倒をみるため、深夜に仕事をした人もいる。

日中に子どもを遊ばせて仕事をすることは不可能で（一分ももたず……）、日中は子どもと過ごし、夕方に夫にバトンタッチして夜に働く生活を続けていました。一日中動き続けた上に睡眠不足で、肉体的にも精神的にもギリギリでした。今もクラスで感染者が出て突然休園になることに怯えています。コロナが始まった頃は未知のウイルスだったので慎重になっていたのはわかりますが、これから先は、高齢者や持病をお持ちの方のワクチン接種を推進した上で、健康な若年層に対しては行動制限の早期解除を願います。

在宅勤務ができる環境ということもあり、仕事は通常の量をなんとかこなした。同僚も同じ状況の人が多く、自分の仕事を他の人に頼みづらい。日中は子を見ながらのため、深夜や早朝の時間に仕事をしていた。サービス残業もした。母親、保育士、会社員、調理師、ひとりで何役もこなし、体力の限界を感じた。在宅勤務でも子を見ながらは無理がある。せめてお弁当の配布など食事のサポートがあるとありがたい。

心配なことと不安なことが一気に押し寄せてくる。子どもの体調についてが一番心配。その次に、職場で同じような状況の人がいないので本当の意味では理解してもらえてないと思うし、申し訳なく思うことがストレス。在宅勤務しながら小一長男のオンライン授業サポート、それらを邪魔しないように三歳の次男を見るのは本当に本当に大変です。家の中はぐちゃぐちゃで、夕方には力尽きています。他のご家庭も同じと思いますが、本当にこのパンデミックが早く終わるといいですね。

いつまで自分一人で子どもをみればいいのか、産後うつなどなかったのに休園をきっかけに、育児がつらいと感じるようになった。子どもは悪くないのに怒ってしまうのがつらい。

回答者には父親もいて、母親が保育園休園による育児負担からうつになったと回答している。

保育園が休園になったことで、育児のため、パートナーが仕事を休まざるを得なくなりました。保育園に子どもを預けることができず、心身への負担が極度に増えた結果、うつ病を発症し、体調不良からパートナーは仕事を休まざるを得なくなりました。

あっという間に一家全滅

子どもが何人もいる世帯は、子どもたちが次から次に休園や休校になる。コロナに子どもが感染すると、家族も感染する。毎日の子育てが綱渡り状態である。

育休中だからよかったが働いていたらと思うとゾッとする。コロナで休園なので祖父母にも預けられない。もし働いていたら自分が休むしかない。小学生もいるのでそれぞれ休園休校がきて片方が休園休校になると、もう一方も休まざるを得ない。保育園も学校もあまりにしょっちゅうコロナが出るので、気をつけて学校は休ませられないので保育園の子は休ませていたのに学校でコロナが流行って感染してしまい、あっという間に一家全滅。子どもたちは軽かったが心臓に持病のある乳児は本当に大変だった。心臓に持病があるから発熱外来は診てくれない。心臓の病院はコロナだから診てくれないでどうしようかと思った。

仕事を急に休むことで迷惑をかける。子どもが複数いると、片方ずつ順番にクラス閉鎖になると、さらに働けない。子どもが自宅待機になると、休みをとっていても、自分の用事もできない。買い物も遠慮してしまう。有給休暇はすべてコロナ休園で消費され、まったく自分の時間がない。

子ども＊人いて濃厚接触者に一人なると、保育園通ってる三人はまず行けなくなる。〔略〕＊人見ながら自宅療養の夫も見てと、しんどすぎた。自分の時間もほぼない、ごはんは三食用意、暴れ回る子どもが物も壊したり、きょうだいで揉めたりと、自宅での自粛が大変すぎた。濃厚接触者に再度本日から一人がなり、いまは濃厚接触者の家族は登園可能に変わったが、卒園式もあるから七日間は本人以外のきょうだいもやはり休んでほしいとなり、圧が若干感じられたりと。濃厚接触者になれば保育園組がほぼ休みとなると、四月からの復帰にいま不安を感じている。経済的な負担もだが、母の自分が身体休まる時間がない。

祖父母に助けてもらった人もいるが、祖父母への感染リスクや負担が大きいため、何も頼めないと考えた人もいる。いずれにせよ、コロナ下では多くの親は誰からの助けも得られなかっただろう。

仕事を休めない時の預け先に本当に困った。結局、祖父母に預けたが祖父母の感染リスクを考えると不安になった。理解のある職場だが、それでも肩身が狭く退職も考えるようになった。

仕事場は協力的であるが、申し訳なさを感じ、休めないと判断した時は祖母を頼んだが、往復一時間半ほどかけて自宅に来てもらうのはかなり負担ではないかと感じた。

休園期間がそれほど長くなかったり、所得が保障されていて安心して仕事を休める正社員など、あまり困ることのなかった恵まれた人もいる。働き方や職場の状況など、子育て世帯の格差も大きい。

特になし。正規で仕事をしているので特に給料が減ることもないので、なんなら子どもとの時間が過ごせ気持にゆとりも持てたからよかった。何週間も続いたら辛いが、一週間もないくらいだったのがちょうどよかったのかなとも思う。

一方、保育園休園やコロナがもたらす負担の大きさに、子育て世帯が見捨てられているという声もある。コロナ下での子どもや子育て中の親を守ろうとしない社会に対して、結局母親や子どものことは軽んじられているのだろうという怒りである。

現場の先生方は本当によくがんばってくださっていると思う。今は親と保育士のがんばりでなんとか耐えているだけ。この国では子どもの安全も健康も見捨てられているんだなという憤りを日々強めています。この見捨てられ感がどれだけ心を削っていくのかもっと知ってほしい。

休園を考えるのも大事ですが、子どもたちにあまりにも負担が大きすぎる。行事などなくし過ぎて子どもの精神的な成長などが今後不安です。がんばったことを認めてあげる場面を今まで通り作らないと、成長できませんよ。そちらの方をもっと重点的に考えるべきではないですか？　保育園全体を休園してもあまり意味がない。大人の守りしかない。登園できる元気な子どもたちから自由を奪わないで頂きたいです。

今までの流行りのウイルスとは違い、感染すると死亡する可能性があり、祖父母に預けるのは不可能なため、会社を休まなければならず、このままだとこの先が不安。ワクチンや飲み薬が出てきだしたので、インフルエンザのように時期的な流行りの感染病に認定してほしい。

仕事に行けない――職場の壁

それでは親たちは職場ではどのような問題に直面していたのだろうか。

保育園が休園になれば親は仕事に行けなくなる。さらにコロナ禍では、次から次に感染者が出れば、いつ保育園が再開されるかの見通しが立ちにくい。複数の子どもがいる家庭の場合、一人でも感染すれば仕事に行けなくなる上、他の子どもへと家庭内感染が続けば、いつ職場復帰できるかわからない。職場や同僚に対して肩身も狭く、それが親には大きなストレスとなる。また、理解のある職場ばかりではない。

クラスで一人陽性者が出たらそのクラスは一週間閉鎖となったのがしんどかった。小学校と保育園二園に通っていたので時間差で休校、休園になり二月はほとんど会社へ行けなかった。また学童は自主休園していますが、返金の計算がややこしく、ほとんど返金されない計算になっています。

クラスに一人でもコロナにかかると、クラス全員が学級閉鎖になり、ＰＣＲ検査で陰性でも一週間自宅待機で、仕事を休まないといけなくなり、月の半分ほど休むことに。有給休暇もなくなり欠勤状態で不安とストレスです。本当にどうにかしてほしいです。

一人職場の職種であるため、自分が休むことで、誰も仕事を代わってもらうことができないので、職場に迷惑をかけた。謝ってばかりで気疲れした。子どもたちも小さく、状況を説明してもまだよくわからないようだった。ずっと家や庭で遊ばせるばかりでどこにも連れて行けず、かわいそうに思ってしまった。

職場に子育て世代が多いため、休園になると職場の運営自体が難しくなり、共倒れになるのではと感じた。先が見えないことがストレスになっている。

上司から嫌味を言われたり、パワハラなど不当な扱いを受けた。

子どもたちだけで留守番

保育園が休園になっても仕事を休めない人、在宅勤務のできない人、人手が圧倒的に足りていない現場の医療従事者もいる。パート勤務の人は、休むとそれだけ収入も減ってしまう。仕事が休めず、子どもたちだけで留守番しなければならなかった家もある。

両親とも医療従事者のため、緊急事態宣言が出た場合も、仕事が休みになることはなく、在宅勤務は不可能なため、どちらかが仕事を休まざるをえない状況になる。その分、職場では仕事が回らない状況になり、申し訳ない気持になった。

自粛しろ、と言われてもできない。そして、休園。自粛協力しなかったからコロナが出て休園になったという保育園側の思いが伝わる。休園中は本当に大変だった。誰も頼ることができず、子どもたちだけで留守番。〔略〕そんな様子を見かねて、小学生の子どもは、下の子を見るために学校も休んだ。生きていく辛さを感じた。

ひとり親でパートのため休む分給料がへる。看護師なので在宅勤務などもできないのですごく辛い。

保育園の休園や子どもが濃厚接触者になった場合の扱いも会社によって違う。欠勤扱いで収入が減る人もいる。また小学校休業等対応助成金を支給された人もいるが、遠慮して申請しなかった人や申請を会社から断られた人もいる。休園によって働けず収入が減り、生活が苦しくなった人もいる。回答者のうち「小学校休業等対応助成金・支援金制度」を「知っていて利用した」人は一二%、「知っているが活用したことがない」人は四四%、「知らない」人は四四%であった。

企業によると思うが、子どもが濃厚接触者になった場合、休校になった場合他、コロナ関連で、特別有休がとれる対象が少なく、困る。有休消化では、有休が減る一方で、そのほかにも、風邪等で休むので、無給休暇にならざるをえない。生活設計がくるうので、非常に困る。

仕事を休まないといけない。迷惑はかかるし、休むとパートで時給生活なので収入に即影響する。たまたま会社が助成金を使ってくれたが制度の内容が会社に結局負担をかけてしまう内容だったので申し訳ない気持になった。会社も雇用される側も気持よく申請できる制度にしてほしい。

小学校休業等対応助成金は、勤務先に手間がかかるため申請する予定はない。急な欠勤が続き、ただでさえ迷惑をかけてしまったという思いがあるので。有休がほぼなくなってしまったので、今後子どもの病気等で休みにくくなると思います。欠勤だと給料も減ってしまう。

小学校休業等対応助成金を会社に申請を依頼したが、対応できないと言われたので結局有休を使わざるを得なかった。こんな使えない制度はあるだけ意味がない。誰もが使える制度に改善が必要だと思う。

保育園のクラスター、子どもの罹患、家庭内感染で約一カ月、出勤できず助成金について会社に相談しましたが対応してくれませんでした。また、厚生労働省の窓口に相談しましたが結果、会社の承諾がないと申請できませんし、この助成金が周囲に誤って理解されていることも感じました。働いていないのにお金がもらえるのはずるいなど意見はあると思いますが、そもそも、介護や障害の助成金は良しで、上記の助成金は受け付けない会社に問題がありますし、保育園の自粛、休園、出勤履歴を基に個人申請ができない事が負担です。休園、自粛期間中の収入がなく、生活が苦しくなりました。

助成金の支給を受けたことから同僚から嫌味を言われ、退職にまで追い込まれた人がいる。

有給休暇がなくなり助成金等制度を利用したが、同僚からは「休んでるのに給料もらえていいね。私たちはあなたが休んだ分の負担は大きいのに何もお金もらえないのに」と嫌味を言われたのが一番辛かった。ちなみに職場は＊市の保育園。保育園だから事情はよくわかってるはずなのに、この言われよう。居場所がなくなり退職せざるを得なくなり、かといって転職早々また休園で休むのも怖く、結果無職に。もういやです。人生狂った。

待機児童は減り、男性の育児休業取得率も、二〇一九年で七・四八％、二〇年で一二・六五％、二一年には一三・九七％と年々上がっている（厚生労働省「雇用均等基本調査」）。しかし残念なことに、コロナ禍は女性の状況を悪化させている。コロナの波は三年続き、感染予防に努めたために、かえって子どもに免疫がつかずＲＳウイルスや手足口病なども流行している。

保育園の休園や学校の休校は、子どもを感染から守るためでもある。だが突然の休園や休校ができるのは、母親が子どもを見るのが当然という暗黙の前提があるからではないか。専業主婦であっても、育児や家事の負担が重すぎると感じる人もいる。

突然の休園休校でも安心して仕事を休むことができ、収入も減らない人は、恵まれたごく一部の人にすぎない。コロナは母親たちの格差を一層際立たせることになった。

著者らはある政令指定都市で、朝四時まで子どもを預かる企業主導型保育施設の聞き取りを二〇二二年一〇月に行った。運営法人は四〇年以上にわたり、同じ市内で午前二時まで保育をする認可の夜間保育園を運営している。どちらの園にもホステスとして働く母親も子どもを預けている。数十年前は、ホステスは店に雇われており、店が就労証明を出していた。次第にホステスは専門の派遣会社から各店に派遣されるようになった。だがコロナで市内にあった派遣会社はすべて潰れてしまった。コロナ後は、ほとんどのホステスが店から委託を受ける個人事業主になったという。ところが中には、委託先としてでさえ書類に店の名前を記入することを拒否し、就労証明を出してくれない店があるという。ホステスとして働きながら子どもを育てていても、必要な書類が揃えられず、企業主導型にも子どもを預けることすらできなくなってしまった母親もいるのだ。

生活は良くならない？

他の国では母親たちはコロナ下でどのような状況にあったのだろうか。内閣府の国際比較調査[12]から見てみよう。この調査はコロナ下の二〇二〇年一〇月から二一年一月にかけて実施されたものである。その中から「子どものいる女性」だけを取り上げてまとめてみた。

図6−4は「今後一年間に失職したり仕事が見つからなかったりする心配はどの程度ありますか」という質問に対しての回答である。日本の母親の場合「心配がある人」は三六・二%と、フランスの四七・二%より低いものの、ドイツの二五・九%。スウェーデンの一〇・四%より高くなっている。この調査では男女・未婚既婚・子ども有り無しの人たちにも同じ質問をしているが、母親たちの回答傾向は他の人たちと大きく違うわけではない。どの層でもフランスでは「心配がある人」が多く、スウェーデンは低い。岩澤美帆[13]はスウェーデンで失業の不安のある人が少ない背景には公務員比率の高さがあるのではないかと指摘している。実際、スウェーデンは女性の公務員比率が高いことで

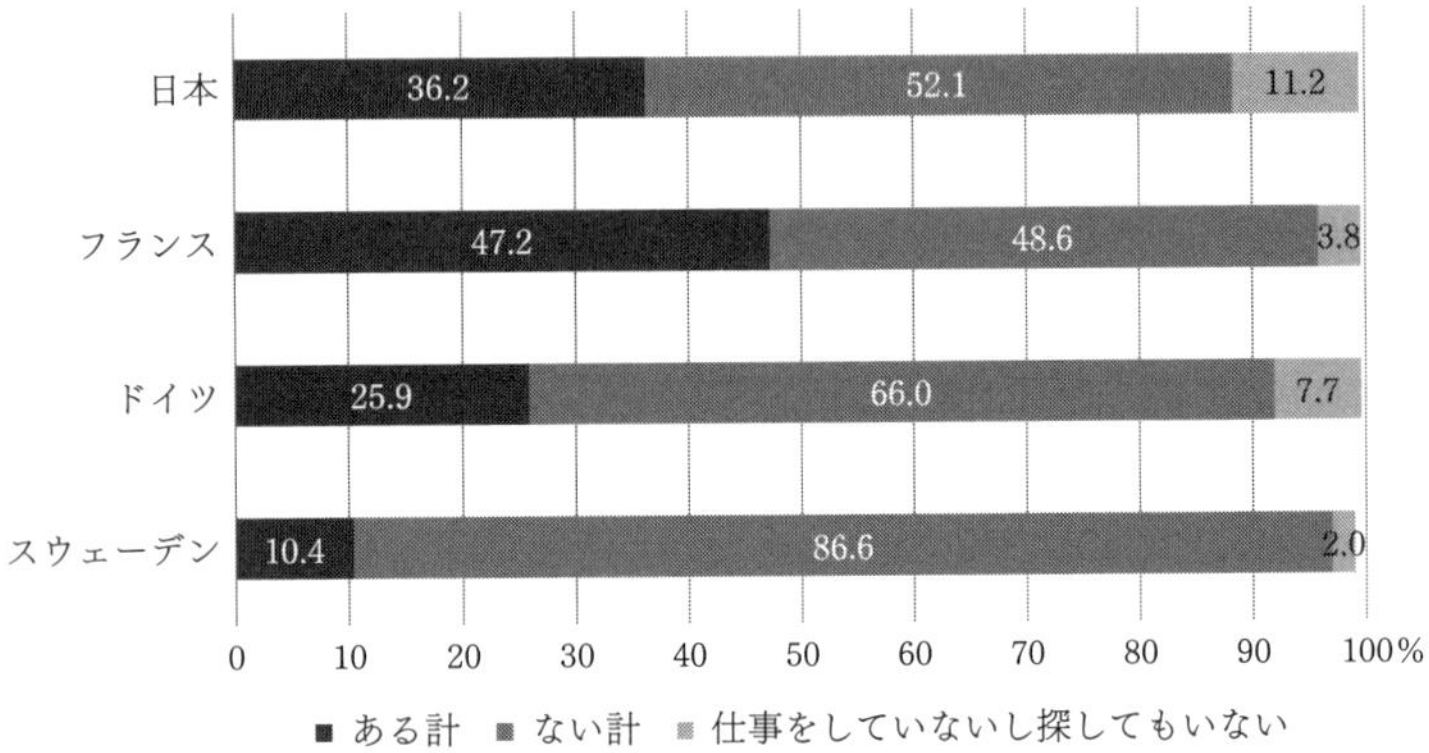

図 6-4　今後 1 年間に失職したり仕事が見つからなかったりする心配はどの程度ありますか(子どものいる女性)

注：ある計＝「かなりある」と「ある程度ある」を足したもの
　　ない計＝「あまりない」と「まったくない」を足したもの
出典：内閣府(2021)『令和 2 年度少子化社会に関する国際意識調査報告書』より作成,「無回答」は表示してないため総計は 100% にならない.

知られている。この調査では、スウェーデンの「心配がある人」の回答者全体の平均は一六・八％で、子どものいる女性の「心配がある人」はそれよりさら低い。

図 6-5 はコロナ感染拡大前と比べての変化について「家計についての不安・心配」と「家事や育児の負担」について聞いたものである。「家計についての不安・心配」は日本が六四・九％と突出して高く、スウェーデンは低い。「家事や育児の負担」はどの国も増えているが、スウェーデンは低い。

生活の満足度については、どの国でも「満足している」人は九割を超えているのに、日本だけ八割弱と低い(**図 6-6**)。ここには掲載していないが、実は他の国々では、男女や世代に関わりなく、満足している人がほぼ九割であった。しかし日本では、回答者全体で満足している人

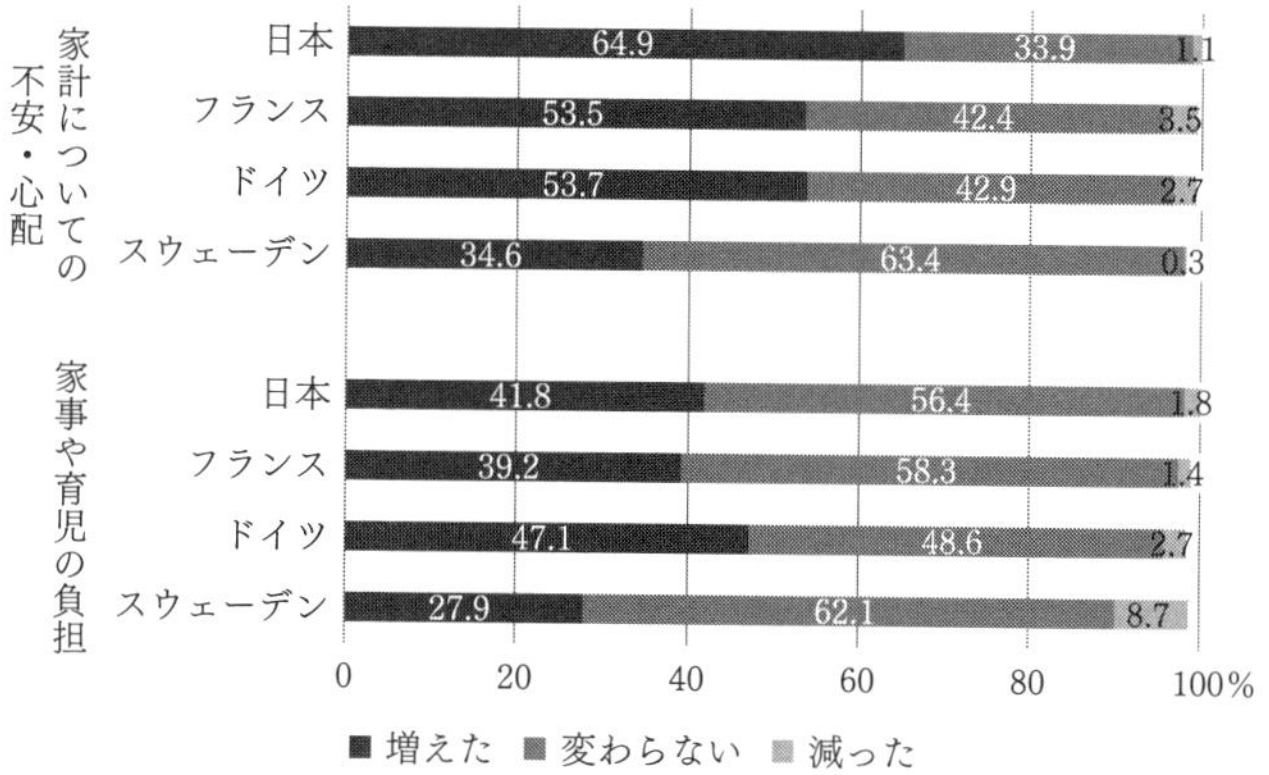

図 6‐5　コロナ感染拡大前と比べて「家計についての不安・心配」等の変化（子どものいる女性）

出典：内閣府（2021）『令和 2 年度少子化社会に関する国際意識調査報告書』より作成，「無回答」は表示してないため総計は 100％ にならない．

は七四・七％で、母親の八割弱は日本人の中ではまだ高い方である。つまり日本の生活満足度は他の三カ国より低い。なお、日本で最も生活満足度が低いのは二〇代の男性の六八・二％で、配偶者のいない男性では五七・八％となっている。

次に聞いているのは「あなたの生活はこれからどうなっていくと思いますか」という質問だ（図6‐7）。「良くなっていく」のは日本の母親が断然低く、わずか一七・五％である。フランスの三九・二％、ドイツの四五・六％、スウェーデンの六四・四％と比べて大きく異なっている。そもそも日本人全体では「良くなっていく」を選んでいる人は二一・四％しかおらず、しかも男性二四・一％、女性一八・九％と女性の方が低い。

また、回答者全員で見ると、「良くなっていく」と考える人はフランスで四割強、ドイツは五割強、スウェーデンは七割強だが、日本だけでなく他の

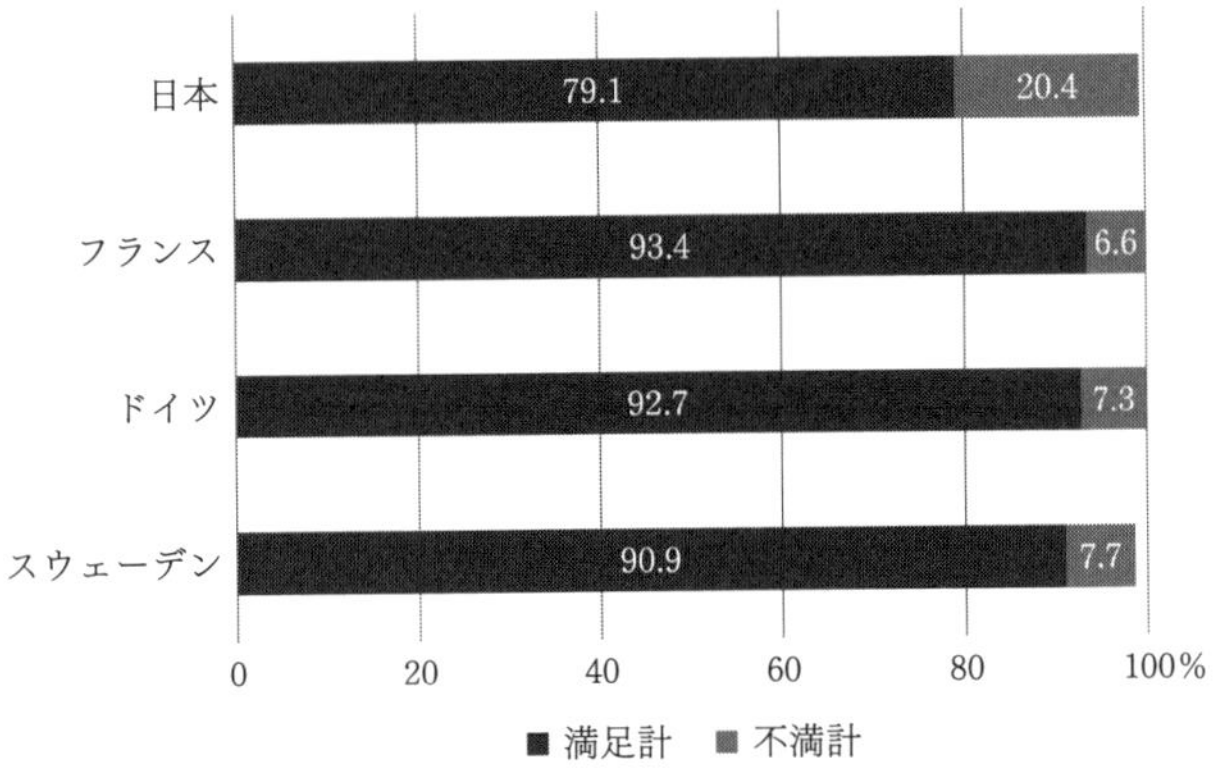

図 6-6　あなたは全体として現在の生活にどの程度満足していますか(子どものいる女性)

注：満足計＝「満足している」と「まあ満足している」を足したもの
　　不満計＝「やや不満だ」と「不満だ」を足したもの
出典：内閣府(2021)『令和 2 年度少子化社会に関する国際意識調査報告書』より作成，「無回答」は表示してないため総計は 100% にならない．

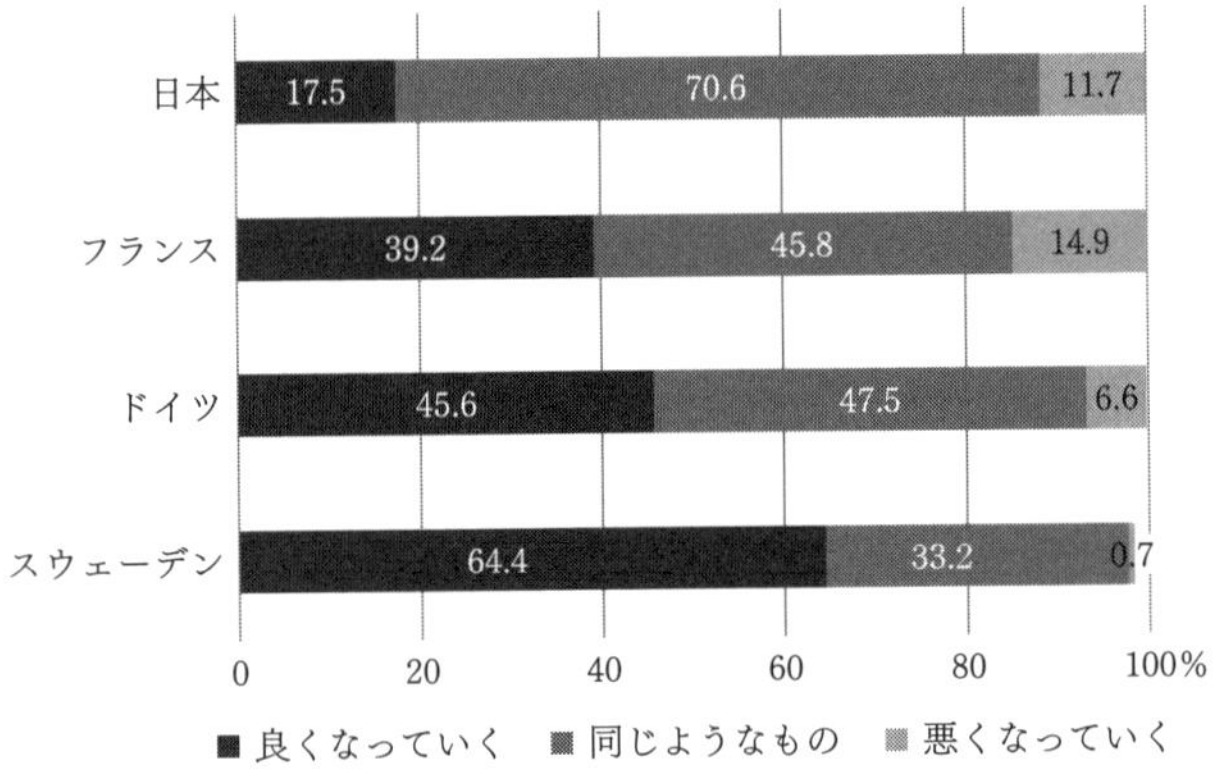

図 6-7　あなたの生活はこれからどうなっていくと思いますか(子どものいる女性)

出典：内閣府(2021)『令和 2 年度少子化社会に関する国際意識調査報告書』より作成，「無回答」は表示してないため総計は 100% にならない．

三カ国でも、子どものいる女性は、それ以外の人たちよりも「良くなっていく」と回答している人が少ない。

この比較調査から見えるのは、日本の母親は今の生活に八割弱は満足しているものの、六割強の人は家計に不安を感じ、将来が良くなっていくと希望を持っている人は二割もいない、ということになる。日本の母親は他の国の母親より、明るい展望を持てていないのである。

母の壁は続くのか

コロナ禍はあらためて母親にのしかかる家事育児の負担の重さをあらわにした。今後、母親が直面する保育・家庭・職場の壁はどうなるだろうか。

岸田政権は異次元の少子化対策をするという。だが、二〇二三年一月の国会で総理は「育児休業中の女性の学び直し・リスキリングを応援する」と述べ、出産直後の授乳で満足に寝ることもできない乳児の育児の実態や、母親にのしかかる家事育児の負担の重さを理解していないことが露呈した。答弁は官僚が書いたのだろうが、育児休業は「休み」だと考えていたのだろう。政策立案者がこれでは、母の壁が解決されるわけがない。

子育て支援と少子化についての関係を検討している山口慎太郎(14)は、子育ての負担が女性に偏る国では、女性は子どもを産むのをためらうという研究を紹介している。夫婦間の子育て負担の分担が、女性が子どもを産んでもいいと考えるかどうかのカギになるというのだ。さらに山口は、児童手当のような現金給付や、育児休業・保育園などの子育て支援策が出生率に与える効果を検証した論文を比較検討している。そして、女性の子育ての負担を直接的に軽減する政策の方が、出生率向上には有効な可能性が高いと述べている。つまり、父親の家事育児分担や保育園等の整備などが重要だということだ。

母親になると、妊娠中から保育園に入れるかどうかわからないストレスにさらされる。保育園に入れないと失職することになる。家事や育児の負担は母親ばかりにかかり、夫に強くは言えない。短時間勤務になれば家事育児の時間が取れるが、職場では肩身が狭い。低い収入では、もう一人子どもを産む見込みが立たない――。子育ての楽しさよりつらさが大きくなり、女性が希望を持って子どもを産みにくい。子育ては女性の仕事だと一人に責任を負わせている間に、日本では少子化が一気に進んでしまった。

今や地方の保育園の中には定員割れしているところも多く出てきている。そこで子育て支援の一環として、専業主婦の子どもであっても、一定の日数保育園に通うことも検討され始めている。そうでないと子ども同士で遊ぶ経験も積めないからだ。やっと母親の子育て負担を社会で分かち合おうという考え方が出てきたのかもしれない。

本書で取り上げてきた、二〇一七年に実施したアンケート調査から、ある母親の声を紹介したい。

本年度から就業のため一歳と四歳の子どもを保育園に預けています。働きだしたのは経済的な理由もありますが、子どもと離れて、自分の時間を持てることや、保育士さんに育児のことを気軽に相談できることで、保育園の存在は子育ての面からも、私にとって心強いものになっております。思えば第一子を家庭で保育していた時期はとても孤独を感じていました。私の住む地区は子どもも少なく、公園に行っても他に同じ年頃の子どもや親と触れあう機会は僅かでした。核家族化や少子化が進む現代において、同様に孤独を感じながら子育てをしているご家庭は増えているのではないでしょうか。これからは、子育て支援や虐待防止の面からも希望する方がみな保育園に入れる社会になればと願います。

日本の母親が孤立せず周りからさまざまな支援を受けられる。保育園に子どもを預けたいと思うタイミングで預けることができる。夫婦で一緒に子育てができ、職場で気兼ねせず働くことができる。子どもを持つことを周りから祝福される。そして、母親たちがきっと将来はより良くなる、と信じられるような、生活に不安なく過ごせる社会を私たちは作れるだろうか。

（１）古村典洋(二〇二二)「チャイルドペナルティとジェンダーギャップ」『「仕事・働き方・賃金に関する研究会―一人ひとりが能力を発揮できる社会の実現に向けて」報告書』財務総合政策研究所、四二―五六頁

（２）Kleven, H., Landais, C., Posch, J., Steinhauer, A. & Zweimüller, J. (2019). Child penalties across countries: Evidence and explanations. In *AEA Papers and Proceedings*, Vol. 109, pp. 122–126

（３）厚生労働省(二〇二二)「保育所等関連状況取りまとめ(令和四年四月一日)」

（４）国立社会保障・人口問題研究所(二〇一七)『日本の将来推計人口(平成二九年推計)』の出生中位・死亡中位での推計値。なお同じ推計で日本人のみの出生数を見ても、八〇万人を割り込むのは二〇三〇年の予定であったため、八

年早く少子化が進展していることとなる

(5) NHK二〇二二年七月二八日「東京二三区の認可保育所〇歳児は半数超が定員割れ」

(6) 内閣府(二〇二一)『令和三年版男女共同参画白書』三頁

(7) 内閣府(二〇二一)『令和三年版男女共同参画白書』二五頁

(8) 独立行政法人労働政策研究・研修機構(二〇二一)「「新型コロナウイルス感染症のひとり親家庭への影響に関する緊急調査」結果」

(9) 前田正子(二〇二一)「二〇二〇年の緊急事態下での保育に自治体はどう対応したか」『都市問題』七月号、八六—九二頁

(10) 厚生労働省(二〇二二)「保育所等における新型コロナウイルスによる休園等の状況(八月一八日(木)一四時時点)各自治体報告集」https://www.mhlw.go.jp/content/11920000/000980964.pdf

(11) 国立成育医療研究センター(二〇二二)「小児コロナ入院患者における症状などを〝デルタ株流行期〟と〝オミクロン株流行期〟で比較」ニュースリリース 0812.pdf(ncchd.go.jp)

(12) 内閣府(二〇二一)『令和二年度少子化社会に関する国際意識調査報告書』

(13) 岩澤美帆(二〇二一)「何が子供を持つことを妨げるのか：子育て観・子育て負担観・望まれる支援からみた日本」内閣府『令和二年度少子化社会に関する国際意識調査報告書』九五—一一六頁

(14) 山口慎太郎(二〇二一)『子育て支援の経済学』日本評論社。ここで紹介されている研究は、Doepke, M. & Kindermann, F. (2019). Bargaining over babies: Theory, evidence, and policy implications. *American Economic Review*, 109(9), pp. 3264–3306 にある

おわりに　真に子どもを持つことが祝福される社会を

読者の皆さんは、本書の母親の声に接していかが感じられただろうか。これほどにも赤裸々な気持や悩みを、アンケートに書き込んだ母親たちのエネルギーに驚かれたのではないだろうか。日々の暮らしの中で、疑問や憤り、肩身の狭さ、やるせなさと気兼ね、そして子どもの可愛さと、そこに入り混じる負担感やうっとうしさ、さまざまな感情が母親の心の中に澱のように溜まっていく。たかが掃除、洗濯、食事作り、保育園への持ち物の準備といっても、それを担う母親の心の中は時に嵐のように荒れていたりもする。保育園に入れるのか、仕事が続けられるのか。職場では期待される人でいたいのか、そこから降りてもう仕事など辞めてしまいたいのか、もう一人子どもを持てるのか、持ちたいのか、今後の生活はどうなるのか——。次から次にいろいろなことが思い浮かび、母親自身もどうすればよいかわからない。もちろん、人生の正解など誰にもわからないだろう。

残念ながら、日本社会では「誰でも、いつ子どもを産んでも安心できる」ことや「子どもを産んでも働ける。もしくは一度は退職しても、好きな時に仕事を再開できる」ことは保障できていない。「子どもを産んだら、その後の保育園や仕事(再就職も)、経済的なことも含めて、何がどうなるのか、将来への不安感が沸いてくる」のが現状である。

周囲からの支援が少なく一人で子育ての多くを担う母親は、責任感があるからこそ、さまざまに思い悩む。そうした母親の割り切れなさが、はっきりと語られることは少ない。だが匿名のアンケートの自由記述欄に書き始めることで、次から次へと言葉になって出てきたのだろう。

母親の声について、一方的な意見だ、偏っていると感じた方もおられることだろう。特に子どもの父親、つまり夫に対する言葉は辛辣である。しかし一方で、父親がそうならざるを得ない事情、性別役割に縛り付けられた職場や働き方が、父親を選択肢のない状況に追いつめていることも、母親はわかっている。しかも、言っても変わらないというあきらめもあり、父親への不満や怒りが、直接父親自身に向けられることもあまりないようで、父親は母親の心の中を知らないままだ。

著者の一人(安藤)は、アンケート対象者と同世代で、二児の父親である。父親と母親の経験に大きな違いがあることは理解していたつもりだった。だが、母親の声を読むにつれ、母親の思いや悩み、憤りを、まだ自分自身も社会も十分に理解していなかったことを痛感している。

父親と母親がお互いの思いやそれぞれの職場の状況や仕事について率直に話し合い、ともに家庭を築くパートナーとして、互いに助け合い、子育てや家事や仕事を支え合える日は来るだろうか。

著者の一人(前田)はここ数年、母親へのインタビューを続けているが、「夫の子育ての手伝いはいらない」と言い切る人と出会ったことがある。その人は夫と同じ業界でバリバリ働いていた。だが妊娠したことで状況は一変した。二人とも激務なので、そのままでは子育てが立ち行かず、妻は大好きだった仕事を辞め、子育てに専念することになった。一方、夫は達成感のある仕事を続けている。「夫は仕事も子どもも全部手に入れたのに、私は好きだった仕事をあきらめた。夫が子育てを手伝って、子どもの愛情まで夫に取られたら悔しい。子どもには私だけを見ていてほしい。夫と私が逆の立場だったら、と考え出すと胸が苦しくなる」。母親になることと引き換えに仕事を辞めることになったその人は、憤りを隠せなかった。

さらに、ひとり親の母親(父親も)が、安心して子育てできる環境の整備も必要だろう。自由記述に書かれたひとり親の声のすべてを取り上げることはできなかったが、一人で助けもなく子育てしているしんどさや、「自分に何かあった時、子どもはどうなるのか」という不安感は強い。

最後に、本書の基となった調査は、多くの方々の協力がなくては実施不可能であった。忙しい毎日の暮らしの中で、長いアンケートに答えた後に、さらに自由記述に自分の思いを書きこんでくれた方々に感謝申し上げたい。お母さんたちは「すぐにでも助けがほしい」という思いで書いて下さったのに、本書の刊行が遅くなったことをお詫びしたい。

このような調査が可能になったのは、何よりもA市の職員の方々のご尽力があってこそである。また、山口慎太郎氏(東京大学)からは、多大な支援を受けた。

その後、アンケートを回収し、まとめるのに時間を取られている間に、二〇二〇年にはコロナ禍が始まった。それまでは徐々に待機児童数も減り、母親たちの悩みもいくぶん解消されたかに見えていたが、コロナが事態を一変させる。学校や保育園の休校や登園自粛など、母親たちは予想もつかない突然の出来事に翻弄されることになった。そこで、コロナ下の保育園休園が親たちに与えた影響の調査も実施した。この調査には全国社会福祉法人経営者協議会の協力を得ている。インタビューに答えて下さったお母さん方、ヒアリングに応じて下さった全国夜間保育園連盟の関係者にも感謝申し上げたい。データ集計などは立教大学リサーチアシスタントの方々のご協力を得た。

また編集者の中本直子さんにも感謝したい。自由記述をまとめた資料を見て、「これは面白い。広く社会にこの母親の声を伝えるべきだ」と、出版へと動き、本としてのまとめ方にも貴重なアドバイスをいただいた。

本書で取り上げたような母親の悩みが減り、「いつ子どもを産んでも大丈夫」と誰もが思え、子どもが生まれることを周囲の誰からも祝福される、そんな社会に少しでも近づくことを祈っている。

付記

本書に収録した自由記述については、調査自治体や本人が特定されないように言い回しや表現を変えている。なお、本書の内容や内容に関する誤りはすべて筆者らの責に帰する。

また、調査は立教大学の倫理審査委員会の審査を経て実施されている。

本書で取り上げた研究調査は科学研究費助成事業 16K21743・17K03792・20K02690・20K01718・20K01733 の補助を得ている。

前田正子
甲南大学教授，こども家庭庁審議会委員．社会保障・保育政策．早稲田大学教育学部卒業．公財松下政経塾をへてノースウエスタン大学MBA取得．慶應義塾大学大学院商学博士．横浜市副市長等をへて現職．
主な著作に，『保育園は，いま』(岩波書店，1997)，『保育園問題』(中公新書，2017)，『大卒無業女性の憂鬱』(新泉社，2017)，『無子高齢化』(岩波書店，2018)など．

安藤道人
立教大学准教授．公共経済学・応用ミクロ計量分析．一橋大学経済学部卒業，同大学院社会学修士，ウプサラ大学経済学博士．国立社会保障・人口問題研究所をへて現職．医療・介護・子育て支援・困窮者支援などの社会保障制度や地方交付税や国庫補助金などの政府間補助金制度が対象者に与える影響を研究．

母の壁 子育てを追いつめる重荷の正体

2023年6月28日　第1刷発行

著　者　前田正子《まえだまさこ》　安藤道人《あんどうみちひと》

発行者　坂本政謙

発行所　株式会社 岩波書店
〒101-8002 東京都千代田区一ツ橋 2-5-5
電話案内 03-5210-4000
https://www.iwanami.co.jp/

印刷・精興社　製本・松岳社

ISBN 978-4-00-061599-0　　Printed in Japan